数学与逻辑

（第2版）

于 雷 编著

清華大學出版社

北京

内 容 简 介

本书编写的数百个题目都经过了精心的选择和设计,涵盖了数学、几何学、逻辑学、运筹学及概率论等多方面知识,详细介绍了数学与逻辑相关的思维训练题型、方法及一些解题技巧,并配以大量的练习进行有目的地训练,借以增强青少年的逻辑思维能力。优秀的逻辑思维能力将会提高青少年分析和解决问题的能力,使学习和生活更积极、更有创造力。

本书适合以下人群阅读:广大青少年、学生,尤其是对数理化缺乏兴趣的孩子;想要改变思维方式,提高逻辑思维能力的年轻人;其他对逻辑与数学感兴趣,渴望给头脑充电的人群。

图书在版编目(CIP)数据

数学与逻辑/于雷编著. —2 版. —北京:清华大学出版社,2024.3
ISBN 978-7-302-65515-2

Ⅰ. ①数… Ⅱ. ①于… Ⅲ. ①逻辑思维—思维训练 Ⅳ. ①B80

中国国家版本馆 CIP 数据核字(2024)第 038306 号

责任编辑:张 瑜
装帧设计:杨玉兰
责任校对:徐彩虹
责任印制:曹婉颖

出版发行:清华大学出版社
    网 址:https://www.tup.com.cn, https://www.wqxuetang.com
    地 址:北京清华大学学研大厦 A 座   邮 编:100084
    社 总 机:010-83470000   邮 购:010-62786544
    投稿与读者服务:010-62776969, c-service@tup.tsinghua.edu.cn
    质量反馈:010-62772015, zhiliang@tup.tsinghua.edu.cn
印 装 者:大厂回族自治县彩虹印刷有限公司
经 销:全国新华书店
开 本:170mm×240mm   印 张:18   字 数:326 千字
版 次:2014 年 8 月第 1 版 2024 年 3 月第 2 版   印 次:2024 年 3 月第 1 次印刷
定 价:68.00 元

产品编号:102008-01

前　　言

　　逻辑思维属于高阶思维能力，被联合国教科文组织列为学生发展教育的第二目标。早在 2013 年以清华大学为首的"华约联盟"七校(指清华大学、上海交通大学、浙江大学、中国科学技术大学、西安交通大学、南京大学和中国人民大学)，就把"逻辑"设为所有参加自主招生的文理科考试共同必考的科目。这意味着未来中国高考指挥棒开始转向，不仅要求学生具有基础知识的储备记忆能力，还要求学生具有运用知识解决问题的高阶思维能力。

　　"华约联盟"自主招生考"逻辑"，这个重大变化贯彻了创新人才培养模式的要求。社会更需要会思维、善思维的人才。要想达到这一目标，青少年就必须懂得并且遵循科学思维的规律，也就是必须要懂得逻辑。

　　逻辑与数学是息息相关的。逻辑是数学的基础。反过来，数学又能更好地表达逻辑。

　　在数学学习中需要运用的思维是一种非常重要的逻辑思维。数学习题涉及计算类、几何类、逻辑类、推理类、归纳类、图形类等题型，通过这些有效训练，可以迅速提高人的观察力、判断力、推理力、想象力、创造力、分析力、计算力、反应力、记忆力等能力。

　　本书共分 7 章，编选的数百个题目(包括计算类、几何类、逻辑类、拼割类、归纳类、推理类、图形类)都经过了精心的选择和设计，集知识性、趣味性、科学性、实用性于一体，每一个题目都极具代表性和独特性，而且难易有度、形式活泼，足以锻炼读者综合运用数学、几何学、逻辑学、运筹学、概率论等多方面知识的能力，最大限度地开发大脑潜能。通过这些题目，读者不仅可以获得解题的快乐和满足，还能掌握如何通过更多不同的视角，解决问题的好思路、好方法，得到人类思维宝库中最有用的黄金思维，更重要的是可以逐步形成解决问题、辨别真伪、开拓创新的思维体系，把被动学习，变成积极主动的投入。

　　当然，培养一个人的逻辑思维能力并非是一朝一夕的事情，但是如果一个人能在平时的学习和生活中注重这方面能力的培养，那么他自然会在"千军万马争过独木桥"的时候脱颖而出。本书将以轻松休闲的方式全方位地调动读者的数学细胞，让读者了解数学的奥妙，学会欣赏数学之美，并提高运用数学思维解决问题的能力。

编　者

目　　录

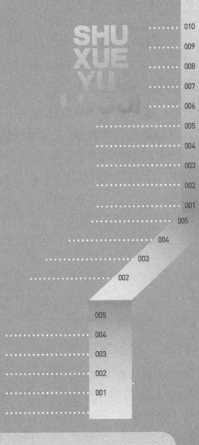

SHU
XUE
YU
010
009
008
007
006
005
004
003
002
001
005
004
003
002
005
004
003
002
001

第一章

计 算 类

计算类的逻辑题目是利用题目中的数量关系，运用公式或数的特性等，将复杂的逻辑思考过程转化成数学计算，从而更简单、清晰、直接地解决实际问题。

方法一：尾数法

对于一些不需要计算具体数值，或者有若干个参考选项的题目，不计算(有的时候也可能是无法计算)算式各项的值，只需考虑各项的尾数，就能确定结果的尾数，由此就能在选项中快速找出有该尾数的选项，即正确答案。

例 1　计算 $(1.1)^2+(1.2)^2+(1.3)^2+(1.4)^2$ 的值。

A. 5.14　　　　　　B. 6.18　　　　　　C. 5.39　　　　　　D. 6.30

解答：本题直接计算出四个小数的平方计算量比较大，再求和很容易出现差错。而当我们观察答案的时候，发现四个选项的尾数各不相同。此时就可以用尾数法计算。

因为 $(1.1)^2$ 的尾数为 1，$(1.2)^2$ 的尾数为 4，$(1.3)^2$ 的尾数为 9，$(1.4)^2$ 的尾数为 6。其和为 1+4+6+9=20，所以答案的尾数也为 0。

所以，本题答案为 D。

方法二：代入法

代入法是从选项入手，将选项分别代入到题目中去，如果选项不符合题目要求，或者推理出矛盾，即可排除此选项。如果有唯一的符合题目要求的选项，那么该选项就是正确答案。

例 2　55 名同学围成一个圆圈站好，将其按照顺时针的方向依次编号 1~55。然后 1 号开始报数，隔一个人 3 号继续报数，接着是 5 号、7 号……每一轮中，没有报数的同学都走出队伍，直到剩下最后一个人。请问，最后一个站在队伍中的人是几号？

A. 1 号　　　　　　B. 20 号　　　　　　C. 47 号　　　　　　D. 50 号

解答：

第一轮报数后，所有偶数编号的人都会走出队伍，所以排除了选项 B、D。第二轮开始的时候，在第一轮的最后一个人 55 号报数完毕后，1 号没有报数，即排除选项 A。

所以选项答案是 C。

方法三：特殊值法

特殊值法就是在题目所给的取值范围内，找一个特殊的、使运算简单的数字，将其代入到题目中去，从而简化运算。

例 3　某种白酒中的酒精浓度为 20%，加入一满杯水后，测得酒精浓度为 15%。再加入同样一满杯水，此时酒精浓度为多少？

A. 10%　　　　　　B. 12%　　　　　　C. 12.5%　　　　　　D. 13%

解答：

假设第一次加水后得到 100 克溶液，其中酒精 15 克，水 85 克。那么加水前溶液一共有 15÷20%=75(克)。即加水 100−75=25(克)。

所以第二次加水后浓度为：15÷(100+25)=12%，答案为 B。

方法四：方程法

方程法是指将题目中的未知数用变量(如 x、y 等)表示，根据题目中给出的等量关系，列出含有变量的方程或方程组，通过求解未知数的数值得出答案。

例 4 鸡和兔子关在同一个笼子里，小明数了一下，一共有 8 只头，26 只脚。请问，鸡和兔子各有多少？

解答：

设鸡有 x 只，兔子 y 只，则有：

$$\begin{cases} x + y = 8 \\ 2x + 4y = 26 \end{cases}$$

解得：$x=3$，$y=5$

所以鸡有 3 只，兔子有 5 只。

方法五：图表法

图表法是利用图形或者表格将复杂的数字之间的关系形象地表示出来，以便更加直观、快速地解决问题。

例 5 A 班有 3 名同学参加了数学竞赛，有 8 名同学参加了物理竞赛，两个竞赛都参加的只有 1 人，没有参加任何竞赛的有 30 人。请问：A 班一共有多少人？

解答：

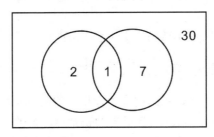

画出这样一个图来，就可以很容易看出 A 班一共有 2+1+7+30=40(人)。

方法六：整体法

整体法是当我们无法或者不方便计算出个体的数值时，可以将一个或多个个体看成一个整体来考虑，从而简化问题。

例 6 小明去超市买笔，发现买 1 支钢笔、4 支圆珠笔要花 30 元钱，买 3 支钢笔、4 支铅笔要花 50 元钱。请问：如果钢笔、圆珠笔、铅笔各买一支，要花多少钱？

解答:

本题无法分别求出每个钢笔、圆珠笔、铅笔分别花多少钱。但是如果把它们加起来,即买4支钢笔、4支圆珠笔、4支铅笔需要30+50=80(元),这样钢笔、圆珠笔、铅笔各买一支,需要80÷4=20(元)。

上面我们列出了尾数法、代入法、特殊值法、方程法、图表法、整体法6种解题方法,希望大家活学活用能够自行给出本章以下各题的答案。

1. 查账

洁洁小姐是商店里的收银员。有一天,她在晚上下班前查账的时候,发现现金比账面少了153元。她知道实际收的钱是不会错的,只能是记账时有一个数点错了小数点。那么,她怎么才能在几百笔账中找到这个错数呢?

2. 午餐分钱

约克和汤姆结对旅游,他们一起吃午餐。约克带了3块饼,汤姆带了5块饼。这时,有一个路人路过,路人饿了。约克和汤姆邀请他一起吃饭。约克、汤姆和路人将8块饼全部吃完。吃完饭后,路人感谢他们的午餐,给了他们8个金币。

约克和汤姆为这8个金币的分配展开了争执。汤姆说:"我带了5块饼,理应我得5个金币,你得3个金币。"约克不同意:"既然我们在一起吃这8块饼,理应平分这8个金币。"约克坚持认为每人各得4个金币。为此,约克找到公正的法官。

法官说:"孩子,汤姆给你3个金币,因为你们是朋友,你应该接受它;如果你要公正的话,那么我告诉你,公正的分法是,你应当得到1个金币,而你的朋友汤姆应当得到7个金币。"

约克不理解。大家知道这是为什么吗?

3. 运动员和乌龟赛跑

历史上曾经有一个非常著名的逻辑学悖论,叫阿基里斯追不上乌龟。

内容很有趣,说的是一名叫阿基里斯的长跑运动员的故事。一次,他和一只乌龟赛跑。假设运动员的速度是乌龟的12倍,这场比赛的结果是显而易见的,乌龟一定会输。

现在我们把乌龟的起跑线放在运动员前面12km处。那么结果会是如何呢?

有人认为,这名运动员永远也追不上乌龟!

理由是:当运动员跑了12km时,那只乌龟也跑了1km,在运动员的前面。

当运动员又跑了1km的时候,那只乌龟又跑了1/12km,还是在运动员前面。

就这样一直跑下去,虽然每次距离都在拉近,但是运动员每次都必须先到达乌

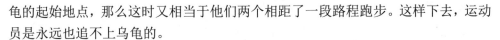

龟的起始地点，那么这时又相当于他们两个相距了一段路程跑步。这样下去，运动员是永远也追不上乌龟的。

你是怎么认为的呢？

4. 小明的烦恼

小明发现自己身边的朋友家里都有两个孩子，于是他便思考起来。如果家里有两个小孩的话，那么就有可能出现三种情况：两个都是男孩、两个都是女孩、一个男孩和一个女孩。所以，如果生两个孩子的话，都是男孩的概率是 1/3。

但是，他自己又隐隐约约地感到不安，觉得似乎自己想错了。你能指出他错在哪里吗？

5. 骰子——奇数还是偶数

监狱里有两个囚犯，每天的晚餐都有一个鸡腿，两个人没法分。于是其中一个囚犯就拿出两个骰子，对另一个囚犯说："我这有两个骰子，我们用它们来决定谁吃这个鸡腿。如果点数和是奇数，鸡腿就归你吃，点数和是偶数，鸡腿就归我吃。"另一个囚犯一听，觉得很不公平，因为两枚骰子得到偶数的情况可能是 2, 4, 6, 8, 10, 12 六种；而得到奇数的情况只有 3, 5, 7, 9, 11 五种，你觉得这样做公平吗？点数和为偶数的概率是多少？

6. 写数字

如果用毛笔写数字，每写一个数字(0、1、2、3、4、5、6、7、8、9，共 10 个)需蘸一次墨水，那么要把 97～105 的所有数连续写出，共需蘸多少次墨水？

7. 入学考试

某个著名高校的入学考试规则是：考生在 3 天内做无限道选择题，答对一题得 6 分，答错一题扣 3 分。小明参加了考试，别人问他成绩时，他说："我的成绩是这几个中的一个：30 分、12190 分、5246 分、121 分、9998 分。"

你能猜出他到底得了多少分吗？

8. 种树

婧婧家后面有一座小山，她非常关注环境，从很小的时候就开始在山上种树。在 7 岁的时候，她在山上种了 10 棵树，从那以后，她每隔一年半都要种 10 棵树。

若干年过去了，她一共种了 150 棵树就不再种了。一天，婧婧对孩子说："在这批树中，最早种的那 10 棵树的年龄是最后一批树的 8 倍。"

你能算出婧婧现在多少岁了吗？

9. 家庭活动

一家三口，爸爸在民航工作，每 3 天休息 1 天；妈妈是医生，每 5 天休息 1 天；豆豆在外地上学，每 6 天回 1 次家。这周日一家三人刚刚一起去看了场电影，他们约定下次还一起在家的时候就去欢乐谷。你知道他们最早要多少天以后才能一起去吗？

10. 掷骰子

用两颗骰子掷出 7 点，搭配有 1 和 6、2 和 5、3 和 4，掷出 8 点的搭配有 4 和 4、3 和 5、2 和 6。那么掷出 7 点和 8 点的概率一样吗？

11. 四姐妹的年龄

一家有 4 个姐妹，她们 4 个人的年龄乘起来的积为 15。那么，她们各自的年龄是多大(年龄应为整数)？

12. 设备

在一个工厂车间新引进了一种设备，10 台设备每 10 分钟可以制作 10 个成品。有个订单需要生产 10000 个成品，在订单交付前，还有 10000 分钟。请计算还需要引进几台同样的设备才能满足订单生产需求？

13. 五个人的年龄

甲、乙两位数学老师同路回家，路上遇到甲老师的三位邻居。甲老师对乙老师说："这三位邻居年龄的乘积是 2450，他们的年龄之和是你的 2 倍，请你猜猜他们的年龄。"乙老师思考了一阵说："不对，还差一个条件。"甲老师也思考了一阵："对，的确还差一个条件，这个条件就是他们的年龄都比我小。"

请问：这五个人的年龄各是多少？

14. 卖糖果

小新的爸爸开了个糖果店，周日的时候，爸爸让小新帮忙看店，自己有事出门去了。之前有个人说要定购一批糖果，只记得是不超过 1500 颗糖，但是具体数字一直没有确定下来，周日来拿。不巧的是小新不会包装糖果，爸爸就把 1500 颗糖包装成了 11 包，这样顾客无论要买的是多少颗，都不用打开包装，而是直接给他。你知道爸爸是怎么包的吗？

15. 作家

有个作家把自己的文章卖给第一个出版商甲，卖了 9000 元。由于这篇文章的商业价值不足，甲又把文章卖回给作家，只收了 8000 元，后来有出版商乙看上了这篇文章，花 10000 元买了去。还没等出版，乙倒闭，甲重新以 8000 元的价格从

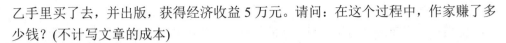

乙手里买了去，并出版，获得经济收益 5 万元。请问：在这个过程中，作家赚了多少钱？(不计写文章的成本)

16. 龟兔赛跑

兔子和乌龟赛跑，它们沿着一个圆形的跑道背对背比赛，并规定谁先绕一圈回到出发点谁就胜利。兔子先让乌龟跑了 1/8 圈，然后才开始动身。但是这只兔子太骄傲了，慢吞吞地边走边啃胡萝卜，直到遇到了迎面而来的乌龟，它才慌了。因为在相遇的这一点上，兔子才跑了 1/6 圈。请问：兔子为了赢得这次比赛，它的速度至少要提高到原来的几倍呢？

17. 史上最难的概率题

A、B、C、D 四个人说真话的概率都是 1/3。假如 A 声称 B 否认 C 说 D 是说谎了，那么 D 说的那句话是真话的概率是多少？

18. 几人及格

100 人参加考试，共有 5 道题，第 1、2、3、4、5 题分别有 80、72、84、88、56 个人答对。如果至少答对 3 道题算及格，那么请问：至少几个人能及格？

19. 马车运菜

一个城镇在沙漠的中间，人们必须每天到沙漠外面去买菜吃。一个人赶着马车到 1000 公里外的地方去买菜，一天他买到 3000 公斤菜。但是自己的马车一次只能装 1000 公斤的货物。而且由于路途遥远，马每走 1 公里要吃掉 1 公斤菜。问：这个人最多可以运回多少菜？

20. 兔子背胡萝卜

有只兔子在树林采了 100 根胡萝卜堆成一堆，兔子家离胡萝卜堆 50 米，兔子打算把胡萝卜背回家。但是，兔子每次最多只能背 50 根，而且兔子嘴馋，只要手上有胡萝卜，每走 1 米它就要吃掉 1 根。问：兔子最多能背几根胡萝卜回家？

21. 称量水果

在果园工作的送货员 A，给一家罐头加工厂送了 10 箱桃子。每个桃子重 500 克，每箱装 20 个。正当他送完货，要回果园时，接到了从果园打来的电话，说由于分类错误，这 10 箱桃子中有 1 箱装的是每个 400 克的桃子，要送货员把这箱桃子带回果园以便更换。但是，怎样从 10 箱桃子中找出分量不足的那一箱呢？送货员手边又没有秤。

正在这时，他忽然发现不远的路旁有 1 台自动称量体重的机器，投进去 1 元硬币就可以称量 1 次重量。他的口袋里刚好有 1 枚 1 元硬币,当然也就只能称量 1 次。那么他应该怎样充分利用这只有一次的机会,来找出那箱不符合规格的桃子呢?

22. 猜数字(1)

甲、乙、丙是某教授的 3 个学生,3 人都足够聪明。教授发给他们 3 个数字(自然数,没有 0),每人 1 个数字,并告诉他们这 3 个数字的和是 14。

甲马上说道:"我知道乙和丙的数字是不相等的!"

乙接着说道:"我早就知道我们 3 个的数字都不相等了!"

丙听到这里马上说:"哈哈,我知道我们每个人的数字都是几了!"

问:这 3 个数字分别是多少?

23. 猜数字(2)

老师从 1 到 80 之间(大于 1 小于 80)选了两个自然数,将两者之积告诉同学 P,两者之和告诉同学 S,然后他问两位同学能否推出这两个自然数分别是多少。

S 说:我知道 P 肯定不知道这两个数。

P 说:那么我知道了。

S 说:那么我也知道了!

其他同学:我们也知道啦!

……

通过这些对话,你能猜到老师选出的两个自然数是什么吗?

24. 如何称四升油

一个人想去店里买 4 升油,可是正巧店里的秤坏了。店里只有一个 3 升的桶,一个 5 升的桶,而且两只桶的形状上下都不均匀。只用这些工具,你能想办法准确地称出 4 升油吗?

25. 平分二十四斤油

张大婶、李二婶和王三婶三人一起去买油。一大桶有 24 斤,三人打算平分。可是李二婶只带了一个能装 11 斤油的桶,王三婶的桶能装 13 斤,又没有秤,三人没法分。这时张大婶又找到一个 5 斤装的空油瓶,就用这几个容器,张大婶倒来倒去,终于把油分开了。你知道她是怎么分的吗?

26. 分饮料

小陈有两个小外甥。一天,他带了一瓶 4 升的果汁去看他们,并想把果汁平分给两个孩子。但是他只找到了两个空瓶子,一个容量是 1.5 升,另一个容量是 2.5 升。那么,有什么办法可以用这 3 个瓶子把果汁平均分配给他们呢?

27. 分面粉

有 7 克、2 克砝码各一个，天平一台，如何只用这些物品 3 次将 140 克的面粉分成 50 克、90 克各一份？

28. 酒鬼分酒

老张和老李都是酒鬼，一次他们一起去买酒，一桶 8 斤装的白酒在打折，于是他们决定一起买下来之后平分。不过他们手上只有一个 5 斤装和一个 3 斤装的空瓶。两个人倒来倒去，总是分不均匀。这时来了一个小孩，用一种方法，很快就把这些酒平分了。你知道他是怎么分的吗？

29. 教授有几个孩子

一天，一位数学教授去同事家做客。他们坐在窗前聊天，从庭院中传来一大群孩子的嬉笑声。

客人就问：您有几个孩子？

主人：那些孩子不全是我的，那是 4 家人家的孩子。我的孩子最多，弟弟的其次，妹妹的再次，叔叔的孩子最少。他们吵闹成一团，因为他们不能按每队 9 人凑成两队。可也真巧，如果把我们这 4 家孩子的数目相乘，其积数正好是我们房子的门牌号，这个号码您是知道的。

客人：让我来试试把每一家孩子的数目算出来。不过要解这个问题，已知数据还不够。请告诉我，你叔叔的孩子是一个呢，还是不止一个？

于是主人回答了这个问题。客人听后，很快就准确地计算出了每家孩子的数目。你在不知道主人家门牌号码和他叔叔家是否只有一个孩子的情况下，能否算出这道题呢？

30. 市长竞选

某市要选出两名副市长、一名市长，现在有 7 名候选人参与竞选。而参加投票的代表共有 49 人，每个人只能投 1 票，不许弃权，前三名得票最多的人当选。

问：最少需要获得几票才能确保当选？

31. 有问题的钟

从前有一位老钟表匠，为火车站修理一只大钟。由于年老眼花，他不小心把长短针装反了。修完的时候是上午 6 点，他把短针指在"6"上，长针指在"12"上，钟表匠就回家去了。人们看这钟一会儿 7 点，过了不一会儿就 8 点了，都很奇怪，立刻去找老钟表匠。等老钟表匠赶到，已经是下午 7 点多钟。他掏出怀表一对，钟准确无误，怀疑大家是有意捉弄他，一生气就回去了。这钟还是 8 点、9 点地跑，人们又去找钟表匠。这时老钟表匠已经休息了，于是第二天早晨 8 点多赶过去用怀

表一对，时间仍旧准确无误。请你想一想，老钟表匠第一次对表的时候是 7 点几分？第二次对表又是 8 点几分？

32. 两个赌徒

两个赌徒赌了一辈子，到老了赌得倾家荡产啥也没有了，只剩下每人一颗骰子。他们仍不知悔改打算掷骰子度过余生。他们每人的骰子都被磨损得够呛，都只有三个面上的点数还看得出来。第一个赌徒的骰子只有点数分别为 2、4、5 的三面可以辨认，第二个赌徒的骰子只有点数分别为 1、3、6 的三面可以辨认。如果他们用这两只骰子比谁掷得的点数大，那么，要是游戏一直进行下去，最后谁会赢呢？

33. 赛跑比赛

小狗、小兔子、小马和小山羊在进行百米赛跑。当小狗和小兔子比赛时，小狗跑到终点，小兔子还差 10 米到终点；当小兔子和小马比赛时，小兔子到了终点，小马还差 10 米；当小马和小山羊比赛时，小山羊跑到了终点，小马还差 5 米。那么现在小狗和小山羊比赛，谁先到终点，另一个还差几米？

34. 三个班级

小明的学校举行了一场运动会。在其中的一个比赛项目中，包括小明一共有 12 个学生参加。他们来自 A、B、C 三个不同的班级，每 4 个学生同属一个班级。有意思的是，这 12 个学生的年龄各不相同，但都不超过 13 岁。换句话说，在 1 至 13 这 13 个数字中，除了某个数字外，其余的数字都恰好是某个学生的年龄。而且，小明的年龄最大。如果把每个班级的学生的年龄加起来，可以得到以下的结果：

班级 A：年龄总数为 41，包括一个 12 岁的学生。

班级 B：年龄总数为 22，包括一个 5 岁的学生。

班级 C：年龄总数为 21，包括一个 4 岁学生。

而且，只有班级 A 中有 2 个学生只相差 1 岁。

请问：小明属于哪个班级？每个班级中的学生各是多大？

35. 鸡兔同笼

今有鸡、兔同笼，上有 35 个头，下有 94 只脚。问：鸡、兔各几只？

36. 兔子问题

十三世纪，意大利数学家伦纳德提出下面一道有趣的问题：如果每对大兔每月生 1 对小兔，而每对小兔生长一个月就能成为大兔，并且所有的兔子全部存活，那么有人养了初生的 1 对小兔，一年后共有多少对兔子？

37. 洗碗问题

我国古代《孙子算经》中有一道著名的"河上荡杯"题(注：荡杯即洗碗)。题目大概意思是：一位农妇在河边洗碗。邻居问："你家里来了多少客人，要用这么多碗？"她答道："客人每两位合用一只饭碗，每三位合用一只汤碗，每四位合用一只菜碗，一共洗了65只碗。"请问：她家里究竟来了多少位客人？

38. 七猫问题

在七间房子里，每间都养着七只猫。在这七只猫中，不论哪一只，都能捕到七只老鼠。而这七只老鼠，每只都要吃掉七个麦穗。如果每个麦穗都能剥下七颗麦粒，请问：房子、猫、老鼠、麦穗、麦粒，都加在一起总共应该有多少？

39. 韩信点兵(1)

韩信率军出征，他想知道一共带了多少士兵，于是命令士兵每10人一排排好，排到最后发现缺1人。

他认为这样不吉利，就改为每9人一排，可最后一排又缺了1人；

改成8人一排，最后一排仍缺1人；

7人一排，缺1人；

6人一排，缺1人；

5人一排，缺1人；

4人一排，缺1人；

3人一排，缺1人；

直到2人一排还是缺1人。

韩信仰天长叹，难道这场仗注定要以失败告终吗？！

你能算出韩信至少带了多少士兵吗？

40. 韩信点兵(2)

我国汉代有一位大将，名叫韩信。据说他每次集合部队，都要求部下报三次数，第一次按1~3报数，第二次按1~5报数，第三次按1~7报数，每次报数后都要求最后一个人报告他报的数是几，这样韩信就知道一共到了多少人。你知道他是如何做到的吗？

41. 欧拉遗产问题

欧拉遗产问题是大数学家欧拉在他的名著《代数基础》中的一个问题。题目是这样的：

一位父亲，临终时嘱咐他的儿子们这样来分配他的财产：第一个儿子分得100克朗和剩下财产的1/10；第二个儿子分得200克朗和剩下财产的1/10；第三个儿子分得 300 克朗和剩下财产的 1/10；第四个儿子分得 400 克朗和剩下财产的 1/10……按这种方法一直分下去，最后，每一个儿子所得财产一样多。

问：这位父亲共有几个儿子？每个儿子分得多少财产？这位父亲共留下了多少财产？

42. 马和猎狗

一只猎狗追赶一匹马，狗跳 6 次的时间，马只能跳 5 次，狗跳 4 次的距离和马跳 7 次的距离相同。马在前面，跑了 5.5 公里以后，狗开始在后面追赶。

请问：马跑多长的距离，才能被狗追上？

43. 动物赛跑

小兔子的跑步速度是每秒 5 米，小鹿的跑步速度是每秒 6 米，现在俩小动物比赛跑 1000 米。

请问：小鹿要退后几米，它们才能同时到达终点？

44. 逃脱的案犯

黑猫警长有一个强劲的对手"飞毛腿"，这只老鼠奔跑的速度十分惊人，比黑猫警长还要快，好几次都被它逃脱了。一次偶然的机会，警长发现"飞毛腿"在湖里划船游玩，这可是一个很好的机会。这个圆形小湖半径为 R，"飞毛腿"划船的速度只有黑猫警长在岸上速度的 1/4。黑猫警长沿着岸边奔跑，想抓住要划船上岸的"飞毛腿"。这次"飞毛腿"还能侥幸逃脱吗？

45. 对了多少题

一次奥数比赛有 20 道题，做对一题加 5 分，做错一题倒扣 3 分。婧婧这次没考及格，不过她发现，只要她少错一道题就正好及格。你知道她做对了多少道题吗？

46. 海盗分椰子

一艘海盗船被天上砸下来的一块石头给击中了，5 个倒霉的家伙只好逃难到一个孤岛上。他们发现岛上空荡荡的，只有一棵椰子树和一只猴子。

大家把椰子全部采摘下来放在一起，但是天已经很晚了，所以大家就决定先去睡觉。

晚上有一个家伙起床悄悄地将椰子分成 5 份，结果发现多一个椰子，就顺手给了那只猴子，然后悄悄地藏了一份，把剩下的椰子混在一起放回原处后，悄悄地回去睡觉了。

过了会儿，另一个家伙也起床悄悄地将剩下的椰子分成 5 份，结果发现多一个椰子，顺手就又给了幸运的猴子，然后悄悄地藏了一份，把剩下的椰子混在一起放回原处后，悄悄地回去睡觉了。

又过了一会儿……

又过了一会儿……

总之 5 个家伙都起床过，都做了同样的事情。

早上大家都起床后，各自心怀鬼胎地分椰子了，这个猴子还真不是一般的幸运，因为这次把椰子分成 5 份后居然还是多一个椰子，只好又给它了。

问题来了：这堆椰子最少有多少个？

47. 大牧场主的遗嘱

有个牧场主要把自己的产业分给他的儿子们，于是召集他们宣读遗嘱。

他对大儿子说：儿子，你认为你能够养多少头牛，你就拿走多少；你的妻子可以取走剩下的牛的 1/9。

他又对二儿子说：你可以拿走比大哥多 1 头牛，因为他有了先挑的机会；至于你的妻子，可以获得剩下的牛的 1/9。

然后他对其余的儿子说了类似的话，每人都可以拿到比他大一点的哥哥的牛数多 1 头，而他们的妻子则获得剩下的牛的 1/9。

当最小的儿子拿完牛之后，一头牛也没有了。

于是牧场主又说：马的价值是牛的 2 倍，剩下的 7 匹马的分配要使每个家庭得到同样价值的牲口。

试问：牧场主共有多少头牛？他有几个儿子？

48. 猜年龄

小张在一所学校当老师，最近学校新进两名同事小李和老王。小张想知道小李的年龄。小李喜欢开玩笑，于是对小张说："想知道我的年龄并不难，你猜猜看吧！我的年龄和老王的年龄合起来是 48 岁，老王现在的年龄是我过去某一年的年龄的两倍；在过去的那一年，老王的年龄又是将来某一年我的年龄的一半；而到将来的那一年，我的年龄将是老王过去当他的年龄是我的年龄 3 倍时的年龄的 3 倍。你能算出来我现在是多少岁了吗？"

小张被绕糊涂了，你能帮他算出来小李现在的年龄吗？

49. 曹操的难题

官渡之战，曹操和袁绍对峙数月，曹操的粮草渐渐不支。依照曹军 20 万军队，他还可以支撑 7 天。第二天张辽带着大批人马来援助曹操，两队人马合在一起，曹操一算，现在的粮草还能支撑 5 天。

那你知道张辽带来了多少人吗？

50. 抽屉原理

有一桶彩球，分为 3 种颜色：黄色、绿色、红色，你闭上眼睛抓取。

请问：至少抓取多少个就可以确定你手上肯定有至少 2 个同一颜色的彩球？

51. 巧分银子

10 个兄弟分 100 两银子，从小到大，每两人相差的数量都一样。又知第 8 个兄弟分到 6 两银子。

请问：每两个人相差的银子是多少？

52. 酒徒戒酒

有一个人对酒上瘾，一天三顿饭离不开酒，看电视时要喝酒，写东西时要喝酒，无聊了要喝酒，高兴了也要喝酒。但是长此以往身体就扛不住了，医生给他支招说："你这样，第 1 次喝完之后，你能坚持 1 小时以后再喝吗？"他说："可以。"医生说："那好，第 2 次间隔时间变成 2 小时，这样可以做到吗？"他说："可以。"医生说："那接下来，第 3 次的间隔时间是 4 小时，以此类推，第 4 次是 8 小时……每次间隔时间都是上次的 2 倍。如果你能坚持，一定能戒掉酒的。"你知道这是为什么吗？

53. 司令的命令

司令带兵出征，给粮草官留下命令：如果刘军长来借粮，由于他是自己人，可把粮草 2/3 给他，自己留 1/3；如果张军长来借粮，因为他是盟友，给他 1/3 粮草，自己留 2/3。结果刘军长和张军长同时来借粮，粮草官怎么分配才能不违背司令的命令呢？

54. 拨开关

对一批编号为 1～100，全部开关朝上(开)的灯依次进行以下操作：

凡是 1 的倍数，反方向拨一次开关；

凡是 2 的倍数，反方向又拨一次开关；

凡是 3 的倍数，反方向又拨一次开关；

……

以此类推。

请问：最后是熄灭状态的灯的编号是多少？

55. 星期几

今天是星期三，那么 30000 天后是星期几？

56. 数学教授的问题

有一个数学教授出了一道题来考他的儿子。题目是这样的：有一条很长的阶梯，如果每步跨 2 个台阶，那么最后剩下 1 个台阶；如果每步跨 3 个台阶，那么最后会

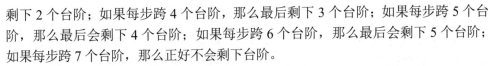

剩下 2 个台阶；如果每步跨 4 个台阶，那么最后剩下 3 个台阶；如果每步跨 5 个台阶，那么最后会剩下 4 个台阶；如果每步跨 6 个台阶，那么最后会剩下 5 个台阶；如果每步跨 7 个台阶，那么正好不会剩下台阶。

请问：这条阶梯最少有多少个台阶？

57. 猜猜年龄

小张和小王在路上遇见了小王的三个熟人 A、B、C。

小张问小王："他们三个人今年多大？"

小王想了想说："那我就考考你吧。他们三人的年龄之和等于我们两人的年龄之和，他们三人的年龄相乘等于 2450。"

小张算了算说："我还是不知道。"

小王听后笑了笑说："那我再给你补充一个条件：他们三人的年龄都比我们的朋友小李要小。"

小张听后说："那我知道了。"

最后问：小李的年龄是多少？

58. 找零钱

美国货币中的硬币有 1 美分、5 美分、10 美分、25 美分、50 美分和 1 美元这几种面值。一家小店刚开始营业，三兄弟来到店里吃饭。当这三兄弟站起来付账的时候，出现了以下的情况：

(1) 连同店家在内，这 4 个人每人都至少有 1 枚硬币，但都不是面值为 1 美分或 1 美元的硬币。

(2) 这 4 人中没有一人有足够的零钱可以兑开任何 1 枚硬币。

(3) 老大要付的账单款额最大，老二要付的账单款额其次，老三要付的账单款额最小。

(4) 三兄弟无论怎样用手中所持的硬币付账，店主都无法找清零钱。

(5) 但是如果三兄弟相互之间等值调换一下手中的硬币，那么每个人都可以付清自己的账单而无须找零。

(6) 当这三兄弟进行了两次等值调换以后，他们发现手中的硬币与各人自己原先所持的硬币没有一枚面值相同。

随着事情的进一步发展，又出现了以下情况：

(1) 在付清了账单以后，三兄弟其中一人又买了一些水果。本来他手中剩下的硬币足够付款的，可是店主却无法用自己现在所持的硬币找清零钱。

(2) 于是，他只好另外拿出 1 美元的纸币付了水果钱，这时店主不得不把他的全部的硬币都找给了他。

现在，请你计算一下，这三兄弟中谁用 1 美元的纸币付了水果钱？

59. 药剂师称重

现有 300 克的某种药粉，要把它们分成 100 克和 200 克的两份，如果天平只有 30 克和 35 克的砝码各一个，你能不能运用这两个砝码在称两次的情况下把药粉分开？

60. 有多少香蕉

大猴子、中猴子、小猴子一起在树上摘了一堆香蕉，等它们把香蕉运到家后，都累得不行了，于是它们决定躺下睡觉，等睡醒了再分。过了一会儿，大猴子先醒来，看看另两只猴子还在睡觉，便自作主张将地上的香蕉分成 3 份，发现多了 1 个，就把那个香蕉吃了，然后拿着自己的那份走了。中猴子第二个醒来，说道：怎么大猴子没拿香蕉就走了？不管他，我把香蕉分一下。于是也将香蕉分成 3 份，发现也多 1 个，也把多的那个给吃了，拿着自己那份走了。小猴子最后一个醒来，奇怪两个猴子怎么都没拿香蕉就走了？于是又将剩下的香蕉分成 3 份，发现也多 1 个，便也把它吃了，拿着自己那份走了。

请问：一开始最少有多少个香蕉？

61. 1=2?

假设：$a=b$ 且 a、$b>0$

所以：$ab=bb$

$ab-aa=bb-aa$

$a(b-a)=(b+a)(b-a)$

$a=b+a$

$a=2a$

$1=2$

上面的证明过程哪里错了？

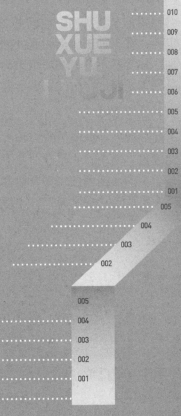

第二章

几 何 类

几何图形是从实物中抽象出来的各种图形，它可以帮助人们有效地刻画错综复杂的世界。在人们的生活中到处都有几何图形，人们所看见的一切几乎都是由点、线、面、体等基本几何图形组成的。

几何类逻辑题目种类繁多，其中比较经典的有以下几类。

一、连线问题

连线问题，是在给出的一些点上，按照特定的游戏规则，画出若干个线条，使其满足题目的要求。它也是一类非常经典的逻辑训练题。

最著名的连线问题当然要数九点连线了，它的题目如下：

如下图所示，在平面上，排列有三行三列9个点。

请问：如何用四条直线段连续不断地把这9个点连起来？

答案如下图所示。

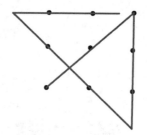

在9点连线问题中，人们的直觉是直线不能延伸到由9个点构成的大方格之外。但是没有人说这是一条规则，只是人们唯一的限制就是脑海中的习惯。所以，我们要打破惯性思维，寻求最佳的解决方法。

这个经典的逻辑问题蕴涵了一个深刻的寓意，那就是创造性思维——通常意味着要在格子外思考。

如果你将自己的思维局限在9个点所围成的方格之内，那么这个问题就将成为不可能完成的任务。

创造力不仅仅是灵机一动的结果，也不仅仅是各种奇思妙想，它还意味着把人的思维从阻止它发散的束缚中解脱出来。人不能局限于像9点所构成的格子那样的陈规，绝不能让已有的知识成为解决问题的阻碍。

二、一笔画问题

一笔画问题是一个简单的数学游戏，也是一个几何问题。简单地说，如果一个图形可以用笔在纸上连续不断而且不重复地一笔画成，那么这个图形就叫一笔画。

常见的一笔画问题，是确定平面上由若干条直线或曲线构成的一个图形能不能一笔画成，并在每条线段上都不重复。例如汉字"日"和"中"字都可以一笔画写成，而汉字"田"和"目"则不能。当然，如果运用一些特殊的方法，比如采用对折纸张的方法，也是可以画出"田"和"目"的一笔画的。这要看题目的具体要求了。

下面列举一个一笔画的例子：

在古希腊的很多建筑上都有一种特殊的符号，如下图所示，它由一个圆和若干个三角形组成。

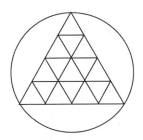

请问：这个图形可以一笔画出，且任何线条都不重复吗？该怎么画？

这就是一个一笔画问题，它可以一笔画出，方法如下图所示。

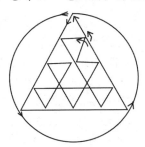

早在 18 世纪，瑞士的著名数学家欧拉就找到了一笔画的规律。欧拉认为，能一笔画的图形首先必须是连通图，也就是说一个图形各部分总是有边相连的。

但是，并不是所有的连通图都可以一笔画的。能否一笔画出是由图中奇偶节点的数目来决定的(注：图中节点连的边数为奇数的称为奇点，连的边数为偶数的，则称为偶点)。

数学家欧拉找到一笔画的规律是：

(1) 凡是由偶点组成的连通图，一定可以一笔画成。画时可以把任一偶点作为起点，最后一定能以这个点为终点画完此图。

(2) 凡是只有两个奇点的连通图(其余都为偶点)，一定可以一笔画成。画时必须把一个奇点作为起点，另一个奇点作为终点。

(3) 其他情况的图都不能一笔画出。(用偶数个奇点除以 2 便可算出此图需几笔画成)

三、数图形问题

数图形问题，就是在一个稍显复杂的图形中，数出某种图形的个数。这是一类非常有趣的图形问题，也是经典的逻辑思维问题。由于这类题目中，图形相互重叠交叉，经常会千变万化，错综复杂，所以要想准确地数出其中包含的某种图形的个数，还是有一定难度的。

我们在数线段、角、三角形、长方形、平行四边形的过程中，当一个图形的组成有一定规律时，就可以按规律来计数。如果没有明显的规律我们就按一定的顺序数(先数单个图形，再数两个单个图形组成的组合图形……)，这样才能做到不重复、不遗漏。

下面列举一个数图形的例子：

如下图所示，图中共有多少个三角形？

在本题中，要数出三角形的个数可以采取按边分类的方法，也可以采取按基本图形组合的方法来数。

比如说，以 AB 为边的三角形有 ABC、ABD、ABE、ABF，共 4 个；以 AC 为边的三角形有 ACD、ACE、ACF，共 3 个(需要按顺序数，不要算上 ACB，那样会导致重复)；以 AD 为边的三角形有 ADE、ADF，共 2 个；以 AE 为边的三角形有 AEF，共 1 个。所以图中共有三角形(4+3+2+1=10)10 个。

如果按照基本图形组合的方法来数，那么把图中单个图形的三角形看作基本图形：由一个基本三角形构成的三角形有 4 个；由两个基本三角形构成的三角形有 3 个；由三个基本三角形构成的三角形有 2 个；由四个基本三角形构成的三角形有 1 个。所以图中共有三角形(4+3+2+1=10)10 个。

另外，由于这个题目的特殊，还可以有一种数图形的方法，那就是数 BF 这条线段中包含有多少条线段。因为每一条线段都恰好对应一个三角形，这样也可以得出正确的结果。

所以，要想不重复也不遗漏地数出图形的个数，就必须要运用逻辑思维，有次序、有条理地数，从中发现规律，以便得到正确的结果。

数图形问题可以培养我们做事认真、仔细、耐心、有条理的好习惯，所以我们不妨时常做些相关的练习。

上面我们列出了连线问题、一笔画问题、数图形问题的解题思路，希望大家能掌握相关方法并举一反三，解答本章以下的题目。

62. 四点一线

如下图所示，图中有 10 颗棋子，移动其中的 3 颗，让这 10 颗棋子连成 5 条直线，并且每条线都要经过 4 颗棋子。

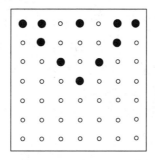

63. 十二点连线

如下图所示，你能用一些线段连接这 12 个点使其形成一个闭合图形而不让笔离开纸面吗？至少需要几条线段？

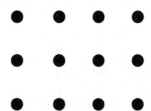

64. 十六点连线

如下图所示，请用 6 条相连的直线把图中的 16 个点连接起来。

65. 连线问题

在 9 个点上画 10 条直线，要求每条直线上至少有 3 个点。这 9 个点应该怎么排列？

66. 连顶点

如下图所示，用直线连接一个正三角形的三个顶点，要求每个点都要经过，而且必须形成一个闭合曲线，只有一种连法。而连接正方形的四个顶点，有三种连法；连接正五边形的五个顶点，有四种连法……

请问：如果连接正六边形的六个顶点，会有多少种连法呢？

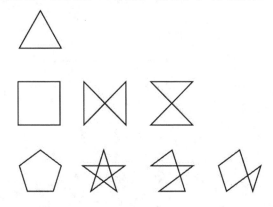

67. 连点画方

如下图所示，图中有 25 个排列整齐的圆点，连接某些点可以画出正方形。请问一共可以画出多少种大小不同的正方形呢？

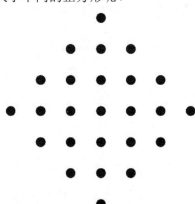

68. 电路

如下图所示，图中是一个电路的一部分，请确定哪两根线路是相通的？

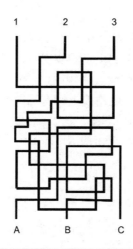

69. 迷宫

如下图所示，你能帮助迷宫中心的小明找到出口吗？

70. 笔不离纸

如下图所示，桌上有一张 A4 的白纸，请你在笔不离开纸的情况下，把下面这个图形画出来，要求不能重复已有的线条。你知道该怎么画吗？

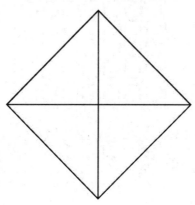

71. 印刷电路(1)

印刷电路是二维的图。图中的交点能实现电子操作，使电线将电信号从一处传送到另一处。如果电线相交，就会发生短路，装置也将失灵。

如下图所示，你能连接这块电路板上标有相同数字的5对电路，且不让任何电线相交吗？连接的电线必须都在区域内。

72. 印刷电路(2)

如下图所示，你能否画5条线来连接5对有编号的电路？所有的连线必须沿着方格的黑线，而且任意两条连线不能相交。

73. 印刷电路(3)

如下图所示，你能否画出 8 条线来连接 8 对电路？所有的连线必须沿着方格的黑线，而且任意两条连线不能相交。

74. 修路(1)

如下图所示，图中的五角星代表村庄的位置，现在需要在这些村庄之间修路，要求路线最短，你知道该怎么修吗？

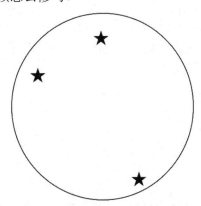

75. 修路(2)

如下图所示，图中的五角星代表村庄的位置，现在需要在这些村庄之间修路，要求路线最短，你知道该怎么修吗？

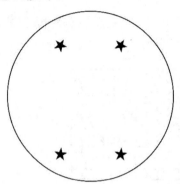

76. 修路(3)

如下图所示，图中的五角星代表村庄的位置，现在需要在这些村庄之间修路，要求路线最短，你知道该怎么修吗？

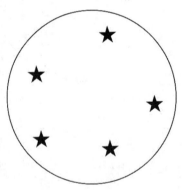

77. 连正方形

如下图所示，用一个正方形把给出的四个圆圈连起来，让这些圆圈都在正方形的四条边上。你知道该怎么连吗？

78. 最短路程

如下图所示，在一个圆锥形物体的 A 点处爬着一只蚂蚁，它想从圆锥上绕一圈再回到 A 点，请问：图中给出的路线，它的路程最短吗？

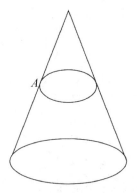

79. 最短路线

有一个正方体的屋子，在一个角上有一只蜘蛛，它想爬到对角那个角上去，你能帮它设计出一条最短的路线吗？

80. 画三角

如下图所示，在图示的 W 中，添加三条直线，可使形成的三角形数量最多，你知道该怎么添加吗？

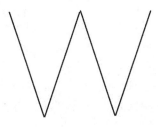

81. 五个三角形

如下图所示，在图中添加三条直线，使它变成五个小三角形(三角形内部不能有多余的线)。你知道该怎么添加吗？

82.5个变10个

如下图所示，图中的五角星包含 5 个三角形(只由 3 条边围成，内部没有多余的线)。请在这个图上添两条线，让三角形变成 10 个。当然，新的三角形内部也不能有多余的线。

83. 重叠的面积

如下图所示，这个直角三角形的直角顶点正好与正方形的中心重合。请问：当三角形绕着正方形的中心旋转的时候，重叠的面积什么时候最大？

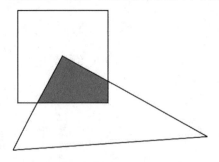

84. 齿轮

如下图所示，假设 A、B、C、D 下面的四个齿轮中，A 和 D 都有 60 个齿，B

有 10 个齿，C 有 30 个齿。请问：齿轮 A 与 D 谁转得更快一些？

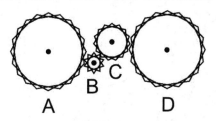

85. 传送带

如下图所示为一组通过传送带相连的齿轮，请问：如果左上角的齿轮顺时针旋转，其他几个轮子分别怎么旋转呢？

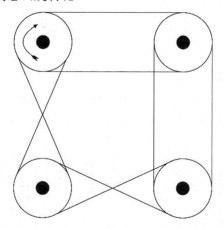

86. 运动轨迹

如下图所示，在一个平面上有一个圆圈，圆圈的正上方有一个黑点。请问：如果这个圆圈在平面上滚动的话，这个黑点的运动轨迹是什么样子的？

87. 七桥问题

在哥尼斯堡的一个公园里，有七座桥将普雷格尔河中的两个岛及岛与河岸连接起来(如下图所示)。图中 A、D 是两座小岛，B、C 是河流的两岸。

请问：能否从这四块陆地中的任意一块出发，恰好通过每座桥一次，再回到起点？

88. 欧拉的问题

如下图所示，要求你一笔画出由黑线勾勒出的完整图样。

你能画出全部 11 幅图吗？如果不能，哪一幅图画不出？

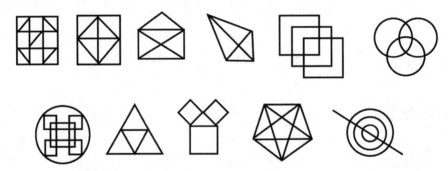

89. 一笔画正方形

如下图所示，拿一支铅笔，你能一笔画过这五个正方形吗？不能重复画过的线，也不能穿过画好的线。

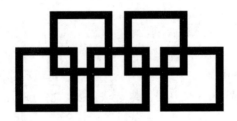

90. 一笔画

如下图所示，请用一笔把这个图形画出来。你知道该怎么画吗？

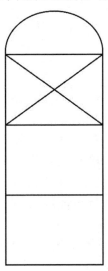

91. 送货员的路线

如下图所示，小明是一个送货员，每天他都从中心的五角星处出发，给各个圆圈处的客户送货，然后返回到五角星处。请你帮他设计一条送货路线，可以使他送完所有的货物而不走冤枉路。你知道他该怎么走吗？

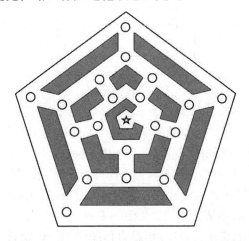

92. 巡逻

如下图所示，一个小镇上有三横四竖 7 条街道，一名警察需要每天巡逻这些街道，一条也不能落下。请你帮他设计最佳的路线，使他走的冤枉路最少。

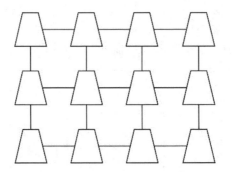

93. 巡逻问题

有一个城堡如下图所示，里面的正方形代表城堡内城的城墙，外面的正方形代表城堡外城的城墙。两个城墙之间是一个狭长的走廊。城堡的君主找了个大臣，让其设计一个巡逻方案，要求就是走廊里时刻有人在走动巡逻，并使巡逻时刻不间断。大臣设计的方案，如下图所示：首先 1 号骑士巡逻到 2 号骑士所在地，自己留下后让 2 号向前巡逻；2 号走到 3 号位置停下，3 号继续向前……大臣相信这个方案完全符合君主的要求。

果真如此吗？

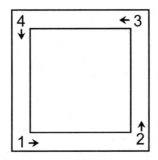

94. 保安巡逻

如下图所示，这是一个展览馆的平面图，上面标明了共有 64(8×8=64)个房间，A、B、C、D、E 是 5 个保安的位置(注：这几个保安也用相应的字母来表示，其衣服上有对应字母)。每天下午 6 点整，钟楼的钟声会敲响，保安 A 就得穿过房间从 a 出口出去，同样，保安 B 从 b 出口出去，保安 C 从 c 出口出去，保安 D 从 d 出口出去，然后保安 E 需要从目前的位置走到 F 标记的房间。

上面的规定说不上有什么道理，但是自作聪明的巡逻队长还要求 5 个巡逻队员走的路线绝对不准相交，也就是任何一个房间都不允许有一条以上路线穿过，也不可以遗漏任何一个房间；巡逻队员从一个房间到另一个房间都必须经过图上所标识的门。

你能帮巡逻队员们找出他们各自的路线吗？

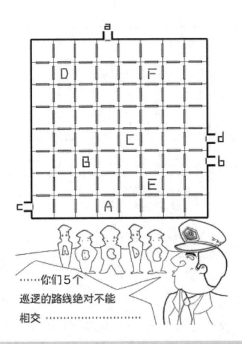

95. 巡视房间

　　如下图所示，有一个警卫，要在 15 个房间巡视，每两个相邻的房间之间都有门相连。他从入口处进来，需要走遍所有的房间，并且每个房间只可以进出一次，最后走到最里边的管理室，你知道他该怎么走吗？

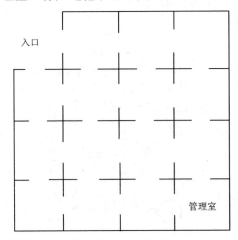

96. 如何通过

　　如下图所示，这是一幅从办公室上方看到的平面图。你能只转向 2 次就通过所有的房间吗？

97. 寻宝比赛

如下图所示，某电视台组织了一次寻宝比赛，寻找藏在 Z 城的宝物。所有的人先在 A 城集合，然后参赛者们分头去除了 A 和 Z 城以外的其他 9 个城镇寻找线索。每一个城镇都有一条线索，只有把这些线索集中在一起，才能知道那件宝物藏在 Z 城的什么位置。而且有个要求，就是每个城镇只能去一次，不能重复。只有巧妙地安排自己的路线，才能顺利地从 A 城到达 Z 城。下图是 11 个城镇的分布图，城镇与城镇之间只有唯一的一条道路相连。

请问：该怎么走呢？

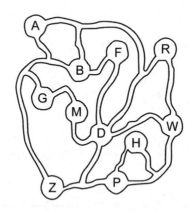

98. 消防设备

如下图所示，图中有 9 座仓库，为了防火需要在其中的两座仓库分别放置一套防火设备，这样凡是与该仓库直接相连的仓库都可以就近使用。请问：这两套防火设备需要放在哪里？

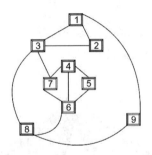

99. 猫捉鱼

这只是一个游戏，鱼是不会动的，但猫要拿到所有的鱼也不是那么简单的。如下图所示，猫从 1 号鱼的位置出发，沿黑线跑到另一条鱼的位置，最终把鱼统统拿到，一条也不留，而且同一个地方不能去第二次。猫该怎么走？

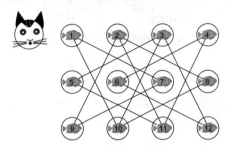

100. 寻找骨头

如下图所示：每间房里都有一块骨头。小狗一次吃完所有的骨头后，从 A 门出来。请问小狗从 1～8 中的哪扇门进去，才不会走重复的路线(每间房只允许进出各一次，并且不许从相同的一扇门进出)？帮小狗想一想该怎么走。

提示：从唯一的出口 A 门倒着向前寻找路线，这样成功率就大一点。

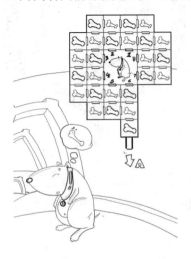

101. 有向五边形

如下图所示，图中每条边都只能沿一个方向走。你能找出一条经过全部五个点的路径吗？

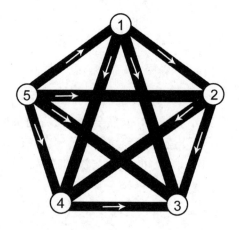

102. 殊途

如下图所示，这个难题有一个规则：只能沿着箭头所指的方向走。你能根据规则找到多少条从入口到出口的路径？

103. 路径谜题(1)

如下图所示，依照图中的箭头方向，从起点走到终点共有多少种走法？

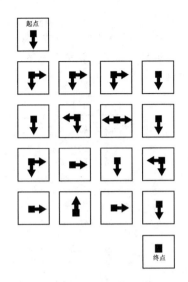

104. 路径谜题(2)

如下图所示，从任何一个角出发，沿着给定的路径，找出 5 个连续的数字，使得这 5 个数字的和最大。你能把这 5 个数字找出来吗？

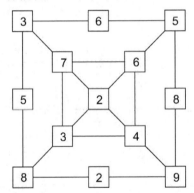

105. 车费最低

如下图所示，点点家住 A 村，他要到 B 村的奶奶家，乘车路线有多种选择，交通工具不同，所需要的车费也就不同。图中标出的数字是各段的车费(单位：元)。点点到奶奶家最少要花多少元？走的路线怎样？

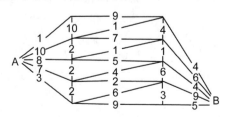

106. 穿越迷宫

如下图所示，这个迷宫很有趣，你只能沿着给定的方向走。请问从开始到结束，一共有多少条不同的路线可走？

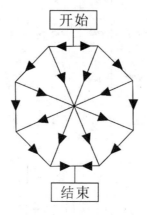

107. 几条路径

如下图所示，从左上角的位置沿着给定的路径(只允许向右或者向下走)，最终走到右下角的位置，所经过的数字为 9 个。请问这 9 个数字的和是 30 的路径有哪几条？

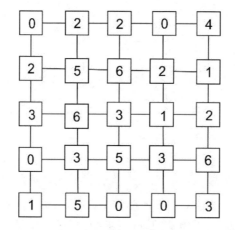

108. 数字路径

如下图所示，从左上角的位置沿着给定的路径(只允许向右或者向下走)，最终走到右下角的位置，所经过的数字为 9 个。请问：这 9 个数字的和是 40 的路径有哪几条？

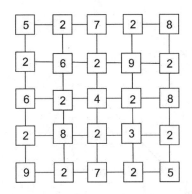

109. 路径(1)

如下图所示，从 A 点到 F 点一共有多少条不同的路径(每段都不可以重复通过)?

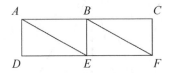

110. 路径(2)

如下图所示，从开始处到结束处连出一条路径，路径只能沿着横向或者纵向前进，而且每一行每一列路径经过的格数已在旁边标明。你能根据这些数字找出这条完整的路径吗?

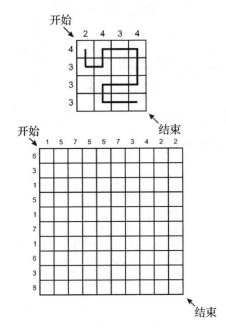

111. 数三角形(1)

数一数，下图中共有多少个三角形？

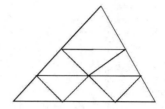

112. 数三角形(2)

数一数，下图中共有多少个三角形？

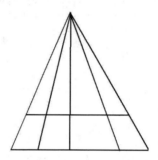

113. 数三角形(3)

数一数，下面四个图形中，分别有多少个三角形？

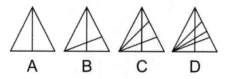

A   B   C   D

114. 数等边三角形

数一数，下图中一共有多少个大大小小的等边三角形？

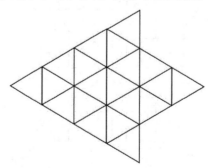

115. 数正方形(1)

数一数，下图中一共有多少个正方形？

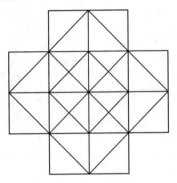

116. 数正方形(2)

数一数，下图中一共有多少个正方形？

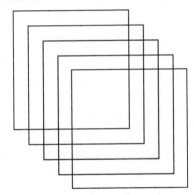

117. 加三角形

下图中有 4 个等边三角形，你能再加入一个等边三角形，使它变成 14 个等边三角形吗？

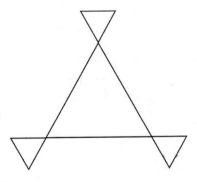

118. 数六边形

数一数，下图中一共有多少个六边形？

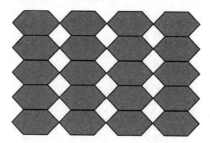

119. 数长方形(1)

数一数，下图中共有多少个长方形？

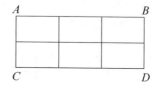

120. 数长方形(2)

数一数，下图中共有多少个长方形？

121. 数长方形(3)

数一数，下图中一共有多少个不同的长方形？

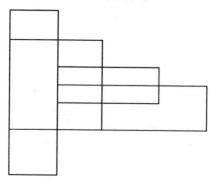

122. 挖正方体(1)

下图中的大正方体的六个面中心分别挖掉一个边长为1的小正方体。请问：挖完以后，大正方体的表面积增加了多少？

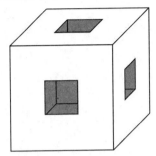

123. 挖正方体(2)

如下图所示，在一个边长为3的大正方体的六个面中心，分别挖掉一个边长为1的小正方体。请问：挖完以后，大正方体剩下部分的体积为多少？

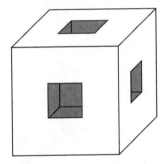

124. 挖正方体(3)

如下图所示，在一个边长为3的大正方体的上面、前面和右面的中心，分别向对面打穿一个边长为1的小方孔。请问：挖完以后，大正方体剩下部分的体积为多少？

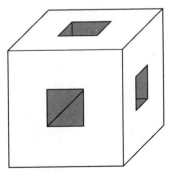

第三章

逻 辑 类

逻辑判断题主要测查人对事物关系和文字材料的理解、演绎和归纳的能力。其中理解是基础，演绎和归纳是重点，要求被测者有清晰的思维。根据逻辑判断的题目要求，解题时需要遵循以下两个原则。

(1) 假设正确，即题目所说的话无论是否与实际相符，都假设是正确的、不容置疑的。

(2) 不需附加任何说明即可推出，这就要求被测者在解题时不要主观臆断，附加自己的想法，而应以题干内容为准。

方法一：递推法

递推法是指按照原思路刨根寻底，穷追不舍，直至找出答案为止。递推思维法要求被测者善于抓住一些常被人忽视的地方，通过仔细观察与思索，在现有事物的基础上一步一步地连续向前探索，一步一步地思考，直到解决问题。

任何事物都有其原因和结果、表象和本质。通过原因，可以探究出事物的结果；通过表象，可以发掘出事物的本质。由已知条件层层向下分析，要确保每一步都能准确无误。在这个过程中，可能会有几个分支，应本着先易后难的原则，先从简单的一支入手，逐个分析，直至考虑到所有的情况，找出符合要求的答案。

例 1 1 元钱 1 瓶汽水，喝完后 2 个空瓶可以换 1 瓶汽水。请问：假如你有 20 元，你最多可以喝到几瓶汽水？

解答： 在解这种题的时候就可以用到递推法，也就是自上而下，一步步地推理。第一步，1 元钱一瓶，20 元可以买 20 瓶。接着，喝完有 20 个空瓶，可以换 10 瓶汽水。喝完，还有 10 个空瓶，可以换 5 瓶汽水……如此一步步地推下去，就可以得到结果了。

需要注意的是：在递推法中，有时推理可能仅仅只列举了使结论成立的一些必要条件，但结论的成立可能依赖于许多条件，只有所有的必要条件都找到了，才可以构成充分条件推导出推理的结论。也就是说，有原因才能有确定的结果，但只有找到了所有影响某一确定结果的原因，才能得出确定的结果。而如果事先知道了某一确定结果，必定可以推断出它的一些原因(必要条件)。

方法二：倒推法

倒推法，又叫逆向思维法，是运用与常人不同的思维方式，跳出传统观念和习惯的束缚，"反其道而思之"，让思维向对立面的方向发展，从问题的相反面深入地进行探索，树立新思想，创立新形象。它是对司空见惯的似乎已成定论的事物或观点反过来思考的一种思维方式。

通俗地说，倒推法就是从问题最后的结果开始，一步一步往前推，把所有能够得出这个结果的原因一一列出，再逐一确定哪种原因是真正的原因。

司马光砸缸的故事我们都听过，为什么说司马光聪明呢？原因就是他运用了逆向思维法。因为要使水缸里的小朋友不被淹死，就得想办法让人和水分离。别的小朋友想的都是把人从水里拉出来，即人离开水，而司马光想的恰恰是让水离开人。这种突破思维定式，从对立的、颠倒的、相反的角度去思考问题就是逆向思维法。通俗地讲，就是倒过来想问题。

例 2　一个小孩有一堆糖果，第一天他吃了 1/4，第二天他吃了剩下的 1/3，第三天他又吃了剩下的 1/3，这时他还有 4 块糖果。

请问：最开始他有多少块糖果？

解答：这个问题就可以用倒推法来解决，从他最后有 4 块糖果可以推出第三天他吃之前有 6 块，然后可以推出第二天吃之前他有 9 块，所以第一天他就应该有 12 块。

类似这种问题如果顺推思考，比较麻烦，很难理出头绪来。而如果用倒推法进行分析，就像剥卷心菜一样层层深入，直到解决问题。

方法三：归纳法

归纳法是论证的前提支持结论，但不确保结论的推理过程。人的行动很大一部分是建立在归纳推理之上的。归纳推理是从少数观测的事例中概括出普遍性的命题。

归纳推理是一种由个别到一般的论证方法。它通过许多个别的事例或分论点，然后归纳出它们所共有的特性，从而得出一个一般性的结论。归纳法可以先列举事例再归纳结论，也可以先提出结论再举例加以证明。前者即我们通常所说的归纳法，后者我们称为例证法。例证法就是一种用个别、典型的具体事例证明论点的论证方法。

例 3　人们每天看到太阳从东方升起，从而得出结论说"太阳每天从东方升起"；人们看到了几只天鹅是白色的，于是就说"所有的天鹅是白色的"。这都是归纳推理。

归纳法不是一个严密的论证方法，因为只要有一个特例也就推翻了前面的结论。我们可设想一下：主人每天给猪喂食，当猪看到主人来时，意味着食物送来了，然而猪不能必然性地得出，主人来必然是给它喂食的。因为，很可能的是，一天主人拿着刀杀它来了。这就是归纳法的困境。

方法四：演绎法

演绎法，是以一般性的逻辑假设为基础，得出特定结论的推理过程。

玻璃是易碎的，而石头是不易碎的。从这个结论出发，你可进行演绎推理，从而得到其他不易碎的东西(像木棍)也会打破玻璃，而石头也会打破其他易碎的东西(像冰块)。

例 4　在一次演讲中，著名物理学家费米向大家提到了这样一个问题："芝加哥需要多少位钢琴调音师？"

解答：大家对费米的提问都感到很奇怪，因为大家觉得这个问题根本无从下手。

但是费米却不这样认为，他向大家解释道："假设芝加哥的人口有 300 万，每个家庭 4 口人，全市 1/3 的家庭有钢琴。那么芝加哥共有 25 万架钢琴。一般来说，每年需要调音的钢琴只有 1/5，那么，一年需要调音 5 万次。每个调音师每天能调好 4 架钢琴，一年工作 250 天，只能调好 1000 架钢琴，是所需调音数量的 1/50。由此可以推断，芝加哥共需要 50 位调音师。"

这是一个典型的演绎法。这种推论的演绎需要知道很多预备性的知识。比如，你应该知道芝加哥的人口数、有钢琴的家庭所占的比例、每架钢琴一年要调音的次数、调音师的工作效率，工作时间等。如果你不知道这些知识，这个问题显然是无法回答的。

方法五：假设法

假设法，是对给定的问题先作一个或一些假设，然后根据已给的条件进行分析。如果出现与题目给的条件相矛盾，说明假设错误，可再作另一个或另一些假设。如果结果只剩下一种可能，那么问题就解决了。

假设法是科学研究中常用的一种思维方法，也是数学的一个重要思想。通过假设可以使复杂的问题简单化，使所求的问题明朗化，这样我们就可以更快地找到解决问题的突破口了。

例 5 桌子上摆着甲、乙、丙三个盒子。甲盒上写着一句话："珠宝不在此盒中"。乙盒上写着一句话："珠宝在甲盒中"。丙盒上写着一句话："珠宝不在此盒中"。现在知道，这三句话中，只有一句话是真的，那么珠宝在哪儿？

解答：这种题型是题干中的前提不充分，难以推出结论，这就要求在选项中确定合适的前提，去补充原来的前提，从而合乎逻辑地推出结论。因此，解答这类题的基本思路是紧扣结论，简化推理过程，从因果关系上考虑。从前提到结论，中间一定要有适当的假设，寻找断路或是因为"显然"而省略掉的论述，也就是要"搭桥"。

假设珠宝在甲盒中，那么第一句是错的，第二句是对的，第三句也是对的。这样就有了两句真话，所以可以断定，珠宝不在甲盒中。然后再重新进行假设(假设珠宝在乙盒中；最后假设珠宝在丙盒中)，根据假设进行推断，这样依次下来就可以找到正确的答案了。

由于假设仅仅是推理成立的一个必要条件，所以我们找到了推理的一个假设，并不能够肯定这个推理必然成立。我们只有找到了推理成立的所有必要条件，才能得出一个确定性的结论，推理才能够成立。

方法六：排除法

排除法，就是根据题目的要求，结合所学知识，排除题干中的冗余信息或者选项中的错误选项。把一些无关的问题先予以排除，先确定可以确定的问题，尽可能缩小未知的范围，从而降低理解难度，缩小选择范围，快速找出答案。

例 6 有三位旅客 A、B 和 C。已知他们三人一个去荷兰，一个去加拿大，一个去英国。据悉 A 不去荷兰，B 不打算去英国，而 C 既不去加拿大，也不去英国。问三个人分别去哪个国家？

解答：这就需要用排除法对题目中可能的答案逐一排除，最后留下的就一定是准确答案。因为 C 既不去加拿大，也不去英国。所以排除了这两种可能后，他只能去荷兰。而 B 不去英国，也不能去荷兰(因为 C 已经确定去荷兰了)，所以他只能去加拿大。最后剩下的 A 只能去英国了。

这种方法看似笨拙，但在解题时特别重要。正确运用排除法，往往会收到意想不到的效果。这种思维方式在我们的工作和生活中都是很有用处的。这对于提高大家的逻辑思维能力、推理能力，也有很大的作用。

方法七：分析法

分析法，是把事物分解为各个属性、部分和方面，对它们分别研究和表述的思维方法。分析法是一种最基本的思维方法，可以说，分析能力的高低，是一个人智力水平的体现。分析能力不仅是先天性的，在很大程度上还取决于后天的训练，应养成对客观事物进行分析的良好习惯。逻辑分析题从推理思路来看，它也属于归纳题型，即"自上而下推理"，其解题关键是要"把条件用尽"，必须边读题边把题目给出的条件一条条在草稿纸上逐一列出，同时要善于分析隐含条件。

例 7 一个人花 8 块钱买了 1 只鸡，9 块钱卖掉了，然后他觉得不划算，花 10 块钱又买回来了，11 块卖给另外一个人。问：他赚了多少？

解答：这个问题看似很复杂，其实只要你换种方式思考的话，你会发现它非常简单。只要你把它当成两次交易，第一次 8 块钱买 9 块钱卖，赚了 1 块钱；第二次 10 块钱买 11 块钱卖，又赚了 1 块钱。所以一共赚了 2 块钱。

逻辑分析偏重于缜密的推理以及对具体事物的抽象能力，解答这类问题要从宏观的角度对大局和整体进行认识。

上面我们介绍了解决逻辑问题的 7 种方法：递推法、倒推法、归纳法、演绎法、假设法、排除法、分析法。希望大家能掌握这些方法并能举一反三，并尝试解答本章下面的题目。

125. 圈出的款额

两位女士和两位男士走进一家自助餐厅，每人从机器上取下一张如下图所示的标价单。

50，95	25，70
45，90	20，65
40，85	15，60
35，80	10，55
30，75	

(1) 4 个人要的是同样的食品，因此他们的标价单被圈出了同样的款额(以美分为单位)。

(2) 每人都只带有 4 枚硬币。

(3) 两位女士所带的硬币价值相等，但彼此间没有一枚硬币面值相同；两位男士所带的硬币价值相等，但彼此间也没有一枚硬币面值相同。

(4) 每个人都能按照各自标价单上圈出的款额付款，不用找零。

在每张标价单中圈出的是哪一个数目？

注： "硬币"可以是 1 美分、5 美分、10 美分、25 美分、50 美分或 1 美元(合100 美分)。

提示：设法找出所有这样的两组硬币(硬币组对)：每组四枚，价值相等，但彼此间没有一枚硬币面值相同。然后从这些组对中判定能付清账目而不用找零的款额。

126. 手心的名字

春游的时候，老师带着四名学生 A、B、C、D 一起做猜名字的游戏。游戏很简单：

首先，老师在自己的手上用圆珠笔写了 4 个人中的一个人的名字。然后他握紧手，在此过程中，不让 4 名学生中的任何一个人看到。最后，老师对他们 4 人说："我在手上写了你们 4 个人中一个人的名字，猜猜我写的是谁的名字？"

A 回答说：是 C 的名字。

B 回答说：不是我的名字。

C 回答说：不是我的名字。

D 回答说：是 A 的名字。

4 名学生猜完之后，老师说："你们 4 人中只有一个人猜对了，其他 3 个人都猜错了。"

4 人听了以后，都很快猜出老师手中写的是谁的名字了。

你知道老师手中写的是谁的名字吗？

127. 合租的三家人

有三户人家合租了 1 个复式别墅。这 3 户人家都是三口之家：丈夫、妻子和孩子。他们的名字已在下表中列出来了。

丈夫	老张、老王、老李
妻子	丁香、李平、杜丽
孩子	美美(女)、丹丹(女)、壮壮(男)

现在只知道老张和李平家的孩子都参加了学校的女子篮球队训练；老王的女儿不叫丹丹；老李和杜丽不是一家的。

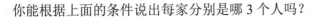

你能根据上面的条件说出每家分别是哪 3 个人吗？

128. 每个人的课程

一个大学生宿舍住了 5 个人，这 5 个人要按照学校的规定去上课。学校对音乐、体育和美术课有下面的规定：每个人每周 3 门课最少要各上 1 个小时，但最多不能超过 5 个小时。等 5 个人选完课时，发现没有任何两个人选的课的课时总数是相同的，并且就连每种课的课时大家也都是各不相同。惊讶之余，三人有如下议论。

甲说：我的音乐课每周 2 个小时，3 门课总课时数我排第三。

乙说：我的体育课时最多，一周有 5 个小时，丙有 3 个小时的体育课，不过他的音乐和美术课时更多。

丁说：我的音乐课和美术课的课时要比戊的音乐课和美术课时都多。

问题：每个人分别各选了几个课时的课？

129. 首饰的价值

小李有 A、B、C、D、E 共 5 件首饰，其价值各不相同。已知：

A 的价值是 B 的两倍；

B 的价值是 C 的四倍；

C 的价值是 D 的一半；

D 的价值是 E 的一半。

请问：这 5 件首饰的价值由大到小是怎么排列的？

130. 谁的工资最高

小王、小李、小赵、小刘四个人同时进入公司，由于公司实行"信封式"工资发放方式，谁都不知道别人的工资是多少。小王心里痒痒就问人事经理每个人工资是多少。人事经理说："我不能告诉你每个人的工资。但是我能告诉你三句话。小王、小李的工资之和大于小赵、小刘的工资之和。小王、小赵的工资之和大于小李、小刘的工资之和。但是小赵、小李的工资之和小于小王、小刘的工资之和。"

你能帮小王分析一下，谁的工资最高吗？

131. 消失的扑克牌

计算机课上，老师说："今天我给你们做一个测验，你们打开电脑桌面上的附件，背景上浮现出大卫·科波菲尔的脸。然后，出现了 6 张扑克牌，都是不同花色的 J 到 K，每张都不一样。然后——你在心里默想其中的一张。不要用鼠标点中它，只是在心里默想。看着我的眼睛，默想你的卡片。默想你的卡片，然后按空格键。"

我选了红桃 Q，一切都是按步骤来的，最后，我轻轻一按空格键，画面哗地一变，原来的 6 张牌不见了，然后出现了一行字：看！我取走了你想的那张卡片！我急忙去看，天哪！扑克牌只剩下 5 张，红桃 Q 不见了！真的不见了！

大吃一惊的我，马上再来一遍，这次选了黑桃 K，几个步骤下来，黑桃 K 又不见了！

百思不得其解，其他的同学看来也同样惊讶，看来他们也被这神奇的魔术震慑住了。这时，老师说："你们是不是觉得很神奇呢？其实答案很简单。"他说出了谜底。他的回答令我再次失声惊呼：竟然是这样简单！

你知道这个魔术是怎么变的吗？

132. 篮球比赛

学校篮球联赛中，有 4 个班级在同一组进行单循环赛，成绩排在最后的一个班级被淘汰。如果排在最后的几个班的负场数相等，那么他们之间再进行附加赛。初一(1)班在单循环赛中至少能胜一场，这个班是否可以确保在附加赛之前不被淘汰？是否一定能出线？为什么？

请写出解题步骤，并简单说明。

133. 怀疑丈夫

赵丽丽、李师师、王美美和孙香香这 4 位女士去参加一次聚会。

(1) 晚上 8 点，赵丽丽和她的丈夫已经到达，这时参加聚会的人数不到 100 人，正好分成 5 人一组进行交谈。

(2) 到晚上 9 点，由于 8 点后只来了李师师和她的丈夫，人们已改为 4 人一组在进行交谈。

(3) 到晚上 10 点，由于 9 点后只来了王美美和她的丈夫，人们已改为 3 人一组在进行交谈。

(4) 到晚上 11 点，由于 10 点后只来了孙香香和她的丈夫，人们已改为 2 人一组在进行交谈。

(5) 上述 4 位女士中的一位，对自己丈夫的忠诚有所怀疑，本来打算先让她丈夫单独一人前来，而她自己则过一个小时再到。但是她后来放弃了这个打算。

(6) 如果那位对丈夫的忠诚有所怀疑的女士按本来的打算行事，那么当她丈夫已到而自己还未到时，参加聚会的人们就无法分成人数相等的各个小组进行交谈。这 4 位女士中哪一位对自己丈夫的忠诚有所怀疑？

134. 三项全能

校运动会上，老师统计了班上 4 个人的成绩。

(1) 有优秀、良好、及格 3 个等级的评分。

(2) 有 1 人三项比赛的成绩都是优秀。

(3) 有 1 人某项比赛的成绩是优秀，某项比赛的成绩是良好，某项比赛的成绩是及格。

(4) 有 2 人两项相同比赛的成绩都是优秀。

(5) 跳远成绩中没有良好。

(6) 长江和雷雷的跳远成绩相同。

(7) 一婧的跳高成绩和雷雷的铅球成绩相同。

(8) 宇华成绩中有一项是及格。

(9) 长江的铅球成绩和宇华的跳高成绩相同。

请列出 4 人的成绩表。

135. 聪明的俘虏

在一个集中营里，关了 11 个俘虏，有一天，集中营的负责人说："现在集中营里人满为患，我们想释放一名俘虏。我会把你们捆在广场的柱子上，在你们头上系上一条丝巾，如果你们谁能知道自己脑袋上系的是什么颜色的丝巾，我就释放了他。如果你们谁也不知道自己脑袋上的丝巾是什么颜色，我就让你们都在广场上饿死。"11 名俘虏被蒙上眼睛带到广场上，当扯掉他们眼上的黑布时，他们发现：有一个人被捆在正中央，还被蒙着眼，其他 10 个人围成一个圈，由于中间那个人的阻挡，每个人只能看到另外 9 个人，而这 9 个人有的人戴的是红丝巾，有的人戴的是蓝丝巾。集中营那个负责人说："我可以告诉你们，一共有 6 个人戴红丝巾，5 个人戴蓝丝巾。"这些人还是大眼瞪小眼，没有人敢说自己头上的是什么颜色丝巾。那个负责人说："如果你们还说不出来的话，我就把你们都饿死。"这时，中间那个一直被蒙着眼的人说："我猜到了。"

请问：中间那个被蒙住眼的俘虏戴的是什么颜色的丝巾？他是怎么猜到的？

136. 玻璃球游戏

几个男孩在一起玩玻璃球。每个人要先从盒子里拿 12 个玻璃球。盒子中绿色的玻璃球比蓝色的少，而蓝色的玻璃球又比红色的少。因此，每个人红的玻璃球拿得最多，绿的玻璃球拿得最少，并且每种颜色的玻璃球都要拿。小明先拿了 12 个玻璃球，其他的男孩子也都照着做。盒子中只有 3 种颜色的玻璃球，且数量也刚好够大家拿。

几个男孩子最后把球看了一下，发现拿法全都不一样，而且只有小强有 4 个蓝色球。

小明对小刚说："我的红球比你的多。"

小刚突然说："咦，我发现我们 3 个人的绿色球一样多啊！"

"嗯，是啊！"小华附和说，"咦，我怎么掉了一个球！"说着把脚边的一个绿球捡了起来。

几个男孩手里总共有 26 颗红色的玻璃球。请问：这里有多少个男孩？各种颜色的球各有多少个？

137. 拆炸弹

犯罪分子在一栋大厦中安装了一枚定时炸弹,幸好被警察及时发现,派来了拆弹专家。这个炸弹很特别,上面有一排按钮,共六个,只有按 A、B、C、D、E、F 的顺序按下这些按钮时才能拆除炸弹。但是不知道哪个按钮代表 A、B、C、D、E、F。

拆弹专家通过检查得出以下信息:"A 在 B 的左边;B 是 C 右边的第三个;C 在 D 的右边;D 紧靠着 E;E 和 A 中间隔一个按钮。"

通过这些信息,你能帮他找出每个按钮的位置吗?

138. 逻辑顺序

下面一排遮住的图形与上面一排顺序不同,但遵循以下规则:

十字形和圆都不和六边形相邻。

十字形和圆都不和三角形相邻。

圆和六边形都不和正方形相邻。

正方形的右边是三角形。

你能找出它们的顺序吗?

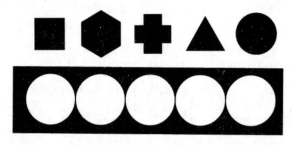

139. 都是做什么的

甲、乙、丙和丁四人围成一桌在聊天,他们都是运动员。甲坐在体操运动员对面,羽毛球运动员在乙右边,丙在丁对面,乒乓球运动员在网球运动员右边,丙右边是女的。问:这四人分别是什么运动员?

140. 谁是冠军

田径场上正在进行 100 米决赛。参加决赛的是 A、B、C、D、E、F 共 6 个人。小李、小张、小王对谁会取得冠军谈了自己的看法:小张认为,冠军不是 A 就是 B;小王坚信,冠军绝不是 C;小李则认为,D、F 都不可能取得冠军。比赛结束后,人们发现 3 个人中只有一个人的看法是正确的。

请问:谁是 100 米决赛的冠军?(　　)

A. 冠军是 A　　　B. 冠军是 B　　　C. 冠军是 C　　　D. 冠军是 E

141. 扑克牌

桌上放着红桃、黑桃和梅花 3 种牌，共 20 张。

(1) 桌上至少有一种花色的牌少于 6 张。

(2) 桌上至少有一种花色的牌多于 6 张。

(3) 桌上任意两种牌的总数将不超过 19 张。

上述论述中正确的是(　　)

A. (1)、(2)　　　　B. (1)、(3)　　　　C. (2)、(3)　　　　D. (1)、(2)和(3)

142. 分别在哪个科室

在一所医院里，甲、乙、丙三位医生分别负责内科、外科、骨科、皮肤科、泌尿科和妇产科。每位医生兼任两个科室的工作。骨科医生和内科医生住在一起，甲医生是三位医生中最年轻的，内科医生和丙医生是经常一起下棋，外科医生比皮肤科医生年长，比乙医生又年轻。三人中最年长的医生住家比其他两位医生远。

请问，哪位医生在哪个科室？

143. 老朋友聚会

甲、乙、丙、丁四个人上大学的时候在一个宿舍住，毕业十年后他们又约好回母校相聚。老朋友相见分外热情和热闹。四个人聊起来，知道了这么一些情况：只有三个人有自己的车；只有两个人有自己喜欢的工作；只有一个人有了自己的别墅；每个人至少具备一样条件；甲和乙对自己的工作条件感觉一样；乙和丙的车是同一个牌子的；丙和丁中只有一个人有车。如果有一个人三种条件都具备，那么，你知道他是谁吗？

144. 留学生

勺园住进了四名留学生，他们的国籍各不相同。分别来自英、法、德、美四个国家。而且他们入学前的职业也各不相同，现已知德国人是医生，美国人年龄最小且是警察，C 比德国人年纪大，B 是法官且与英国人是好朋友，D 从未学过医。

由此可知 C 是哪国人？

145. 谁的狗

有四个孩子，他们分别叫黄黄、花花、黑黑和白白。他们每个人都养了一条狗，狗的名字也叫黄黄、花花、黑黑和白白。当然一个人绝不能与他的狗叫同一个名字，例如，叫花花的狗绝不会是花花的。我们还知道：

(1) 花花的狗并不和那只叫花花的狗的主人叫同一个名字。

(2) 黄黄的狗并不和叫黑黑的狗的主人用一个名字。

(3) 黑黑的狗并不和白白的主人叫同一个名字。

(4) 白白的狗也不叫花花。

你能说清楚哪条狗是属于哪个孩子的吗?

146. 三个家庭

有三个家庭,每个家庭共有三名成员,参加一场游戏。这九个人中,有三个成年妇女 R、S、T,两个成年男人 U、V 和四个孩子 W、X、Y、Z。

已知:

(1) 同性别的成年人不是出自同一个家庭。

(2) W 与 R 不在同一个家庭。

(3) X 与 S 或 U 同一个家庭,或者同时与 S、U 同一个家庭。

问题 1:如果 R 是某家的唯一的大人,那么她家里的其他两个成员一定是( )。

A. W 和 X   B. W 和 Y   C. X 和 Y   D. X 和 Z   E. Y 和 Z

问题 2:如果 R 和 U 是其中一个家庭的两个成员,那么谁将分别是第二个家庭和第三个家庭的成员?( )

A. S、T、W;V、Y、Z   B. S、W、Z;T、V、X

C. S、X、Y;T、W、Z   D. T、V、W;S、Y、Z

E. W、X、Y;S、V、Z

问题 3:下列哪两个人与 W 在同一个家庭?( )

A. R 和 Y   B. S 和 U   C. S 和 V   D. U 和 V   E. X 和 Z

问题 4:下列哪一个判断一定是对的?( )

A. 有一个成年妇女跟两个孩子在同一个家庭

B. 有一个成年男人跟 W 同一个家庭

C. R 和一个成年男人同一个家庭

D. T 一家只有一个孩子

E. 有一个家庭没有孩子

问题 5:如果 T、Y 和 Z 是同一个家庭,那么下列哪些人是另一个家庭的成员?( )

A. R、S、V   B. R、U、W   C. S、U、W   D. S、V、W   E. U、V、X

147. 社团成员

A、B、C、D、E、F 和 G 七名同学在大学里住在同一个宿舍,他们分别加入了学校的两个社团——围棋社和曲艺社,此外,我们还知道以下几点信息:

(1) 每个人必须参与围棋社或曲艺社的活动。

(2) 没有人能够既服务于围棋社又服务于曲艺社。

(3) A 不能与 B 或 E 在同一个社团。

(4) C 不能与 D 在同一个社团。

问题1：参加C在围棋社，下列哪一条必定是正确的？（　　）

A. A在围棋社　　　B. B在曲艺社　　　C. D在曲艺社

D. F在围棋社　　　E. G在曲艺社

问题2：如果7人中围棋社的只有2个人，下列人员当中谁有可能是其中之一？（　　）

A. B　　　　　B. C　　　　　C. E　　　　　D. F　　　　　E. G

问题3：如果G与F或D不在同一个社团，下列哪一条是错的？（　　）

A. A与D在一起　　　　　　B. B与C在一起

C. C与F在一起　　　　　　D. D与F在一起

E. E与G在一起

问题4：原先的条件再加上下列哪一条限制，可以使社团的成员分配只有一种可能？（　　）

A. A和G必须在围棋社，而C必须在曲艺社

B. E必须在围棋社，而F和G必须在曲艺社

C. B和G必须在围棋社

D. C和另外4个人必须在围棋社

E. D和其他3个人必须在曲艺社

148. 销售果汁

一家饮料公司销售果汁，为了促销，他们将三瓶果汁装成一箱打包出售。已知：果汁共有葡萄、橘子、草莓、桃子、苹果五种口味，并且必须按照以下条件装箱：

(1) 每箱必须包含两种或三种不同的口味。

(2) 含有橘子果汁的箱里必定至少装有一瓶葡萄果汁。

(3) 含有葡萄果汁的箱里必定至少装有一瓶橘子果汁。

(4) 桃子果汁与苹果果汁不能装在同一箱内。

(5) 含有草莓果汁的箱里必定至少有一瓶苹果果汁，但是，含有苹果果汁的箱里并不一定有草莓果汁。

问题1：下列哪一箱果汁是符合题设条件的呢？（　　）

A. 一瓶桃子果汁、一瓶草莓果汁和一瓶橘子果汁

B. 一瓶橘子果汁、一瓶草莓果汁和一瓶葡萄果汁

C. 两瓶草莓果汁和一瓶苹果果汁

D. 三瓶桃子果汁

E. 三瓶橘子果汁

问题2：除了一种情况外，下列各个装箱均符合题设条件。这种情况是（　　）。

A. 葡萄果汁和桃子果汁　　　　B. 桃子果汁和苹果果汁

C. 橘子果汁和桃子果汁　　　　D. 草莓果汁和苹果果汁

问题 3：下面哪一箱加上一瓶草莓果汁后便可符合题设条件？( )

A. 一瓶桃子果汁和一瓶橘子果汁　　B. 一瓶葡萄果汁和一瓶橘子果汁

C. 两瓶苹果果汁　　　　　　　　　D. 两瓶橘子果汁

E. 两瓶葡萄果汁

问题 4：一瓶橘子果汁、一瓶桃子果汁，再加上一瓶什么果汁，便可装成一箱？

( )

A. 葡萄果汁　　B. 橘子果汁　　C. 草莓果汁　　D. 桃子果汁　　E. 苹果果汁

问题 5：一瓶橘子果汁再加上下列哪两瓶果汁即可装成一箱？( )

A. 一瓶橘子果汁与一瓶草莓果汁　　B. 一瓶葡萄果汁与一瓶草莓果汁

C. 两瓶橘子果汁　　　　　　　　　D. 两瓶葡萄果汁

E. 两瓶草莓果汁

问题 6：一箱符合条件的果汁，不能含有下列哪两瓶果汁？( )

A. 一瓶草莓果汁和一瓶桃子果汁　　B. 一瓶葡萄果汁和一瓶橘子果汁

C. 两瓶橘子果汁　　　　　　　　　D. 两瓶葡萄果汁

E. 两瓶草莓果汁

问题 7：一箱符合条件的果汁，不能含有下列两瓶什么果汁？( )

A. 橘子果汁　　B. 葡萄果汁　　C. 苹果果汁　　D. 草莓果汁　　E. 桃子果汁

149. 成绩高低

期末考试的成绩已经出来了，在八名同学之中，他们的语文和数学成绩有以下关系：

(1) A 的数学成绩比 B 的数学成绩差。

(2) C 的语文成绩比 D 的语文成绩好。

(3) E 的语文成绩比 F 的语文成绩差。

(4) F 的数学成绩比 G 的数学成绩好。

(5) H 的数学成绩比 D 的数学成绩好。

问题 1：如果 G 的数学成绩比 H 的数学成绩好，那么可以推导出( )。

A. F 的数学成绩比 D 的数学成绩差　　B. F 的数学成绩比 D 的数学成绩好

C. F 的数学成绩比 E 的数学成绩差　　D. F 的数学成绩比 E 的数学成绩好

E. C 的数学成绩比 F 的数学成绩好

问题 2：如果 D 和 F 的语文成绩一样好，那么下列哪一组判断是错误的？( )

A. C 的语文成绩为 130 分，D 的语文成绩为 125 分

B. F 的语文成绩为 130 分，H 的语文成绩为 120 分

C. E 的语文成绩为 130 分，C 的语文成绩为 125 分

D. B 的语文成绩为 130 分，A 的语文成绩为 130 分

E. G 的语文成绩为 130 分，A 的语文成绩为 130 分

问题 3：下列哪一种条件可以保证 A 与 F 的数学成绩同样好？（　　）

A. D 和 B 的数学成绩一样好

B. G 和 H 的数学成绩一样好，D 和 B 的数学成绩一样好

C. G、H、B 和 D 的数学成绩一样好

D. 以上没有一条是对的

问题 4：下列哪一条推论是对的？（　　）

A. D 至少不比其中三人的数学成绩差或语文成绩差

B. F 至少比其中一人的数学成绩好和语文成绩好

C. 如果再加入一个人——X，他比 H 的数学成绩好，比 A 的数学成绩差，那么 B 比 D 的数学成绩好

D. 如果附加人员 Y 比 G 的数学成绩好，那么他也比 F 的数学成绩好

E. 以上均为错

150. 公司取名

据说一个好的公司名字要由 3 个单词组成，而且组成一个公司名字的这 3 个单词必须符合以下四个条件：

(1) 每个单词必须含有 3 个、5 个或 7 个字母。

(2) 字母 R、T、X 不能在一个公司名字中出现两次或两次以上。

(3) 一个公司名字中，第 3 个单词要比第 2 个单词包含的字母多。

(4) 每个单词的头一个字母不能相同。

问题 1：如果 BOXER 是某个公司名字中的第 2 个单词，那么下列哪两个单词可能分别为这个公司名字的第 1 个和第 3 个单词？（　　）

A. ARM、RUNNING　　　　　　B. BID、TAMES

C. CAMPS、TRAINER　　　　　　D. DID、STEAMED

E. FOX、RENTED

问题 2：MOTHS、VEX、MAR 这 3 个单词不符合公司名字的次序，下列哪一种改进方法可以使它们成为一个好公司的名字？（　　）

A. 颠倒某个单词的字母，并将最长单词中的某个字母抽出来

B. 颠倒某个单词的字母，并把 3 个单词的词序倒过来

C. 颠倒某个单词的字母

D. 颠倒 3 个单词的词序

E. 将最长单词中的某个字母换个位置

问题 3：一个公司名字中第 2 个单词可能由几个字母组成？（　　）

A. 3 个，不可能是 5 个或 7 个　　　　B. 5 个，不可能是 3 个或 7 个

C. 7 个，不可能是 3 个或 5 个　　　　D. 3 个或 5 个，不可能是 7 个

E. 5 个或 7 个，不可能是 3 个

151. 选修课程

某大学的同一个宿舍中有7个人：I、J、K、L、M、N 和 O。他们选修了三门课程。这三门课程分别是：经济学、心理学和博弈论。为了便于分组讨论，学校要求：经济学课程一个宿舍中必须有 3 至 4 人一起选修；心理学必须有 4 人或 6 人一起选修；博弈论课程必须 2 人以上才能选修。

选修这 3 门课程还有以下条件限制。

(1) 每人必须参加三门课程中的两门。

(2) I 必须选修经济学课程。

(3) K 必须选修博弈论课程。

(4) N 必须选心理学课程。

(5) M 必须选修 I 选修的两门课程。

(6) O 必须选修 L 选修的两门课程。

问题1：如果 K 和 N 选修的两门课程相同，下列哪一个判断是错误的？（　　）

A. I 选修经济学课程　　　　　　　B. N 选修经济学课程

C. K 选修博弈论课程　　　　　　　D. N 选修博弈论课程

E. K 选修心理学课程

问题2：如果 I 和 N 选修博弈论课程，且有 4 个人选修经济学课程，除了 I 和 M 外，还有谁选修经济学课程？（　　）

A. J 和 K　　　B. J 和 N　　　C. K 和 N　　　D. K 和 O　　　E. L 和 N

问题3：如果 N 是唯一既选修经济学又选修心理学的人，那么，下列哪个判断肯定是对的？（　　）

A. L 选修经济学课程　　　　　　　B. M 选修心理学课程

C. K 选修心理学课程　　　　　　　D. N 选修博弈论课程

E. I 选修博弈论课程

152. 成绩排名

一个班级前七名同学的学习成绩相差不大，很难排出名次。但是，在一次期末考试中，这七个人 P、Q、R、S、T、U 和 V 的分数各不相同，老师给出了以下信息。

(1) V 的分数比 P 高。

(2) P 的分数比 Q 高。

(3) 或者 R 是第一名，T 最后一名；或者 S 是第一名，U 或 Q 是最后一名。

问题1：在这次考试中，如果 V 是第五名，下列哪一项一定是对的？（　　）

A. S 是第一名　　　B. R 是第二名　　　C. T 是第三名

D. Q 是第四名　　　E. U 是最后一名

问题2：在这次考试中，如果 R 是第一名，V 最差是第几名？（　　）

A. 第二名　　　B. 第三名　　　C. 第四名　　　D. 第五名　　　E. 第六名

问题3：在这次考试中，如果S是第二名，下列哪一项有可能是对的？（　　）

A. P在R之前　　　B. V在S之前　　　C. P在V之前

D. T在Q之前　　　E. U在V之前

问题4：在这次考试中，如果S是第六名，Q是第五名，下列哪一项有可能是对的？（　　）

A. V是第一名或第四名　　　　　　B. R是第二名或第三名

C. P是第二名或第五名　　　　　　D. U是第三名或第四名

E. T是第四名或第五名

问题5：在这次考试中，如果R是第二名，Q是第五名，下列哪一项是对的？（　　）

A. S是第三名　　　B. P是第三名　　　C. V是第四名

D. T是第六名　　　E. U是第六名

153. 星光大道

歌唱比赛"星光大道"上采取的是淘汰制，在一次比赛中，有7位评委H、J、K、L、M、N和O，针对1号、2号、3号选手进行表决。按比赛规定，至少有4位评委通过，这名选手才能晋级。每个评委都必须对这3名选手作出表决，不能弃权。

已知：

(1) H淘汰了这3名选手。

(2) 其他每位评委至少通过1名选手，也至少淘汰1名选手。

(3) J淘汰了1号选手。

(4) O淘汰了2号和3号选手。

(5) L和K持同样态度。

(6) N和O持同样态度。

问题1：下列哪位评委一定通过了1号选手？（　　）

A. J　　　　B. K　　　　C. L　　　　D. M　　　　E. O

问题2：通过了2号选手的最多人数是（　　）人？

A. 2　　　　B. 3　　　　C. 4　　　　D. 5　　　　E. 6

问题3：下面的断定中，哪一个是错的？（　　）

A. J和K通过了同一选手　　　　　　B. J和O通过了同一选手

C. J投了一票通过、两票淘汰　　　　D. K投了两票通过、一票淘汰

E. N投了一票通过、两票淘汰

问题4：如果3个选手中某一个选手晋级，下列哪一位评委肯定通过呢？（　　）

A. J　　　　B. K　　　　C. M　　　　D. N　　　　E. O

问题5：如果 M 的意见跟 O 一样，那么，我们可以确定(　　)。

A. 1 号选手将晋级　　　　　　　B. 1 号选手将被淘汰

C. 2 号选手将晋级　　　　　　　D. 2 号选手将被淘汰

E. 3 号选手将晋级

问题6：如果 K 通过了 2 号和 3 号选手，那么，我们可以确定(　　)。

A. 1 号选手将晋级　　　　　　　B. 1 号选手将被淘汰

C. 2 号选手将晋级　　　　　　　D. 2 号选手将被淘汰

E. 3 号选手将晋级

154. 杂技演员

5 个成人杂技演员 M、N、O、P、Q 和 5 个儿童杂技演员 V、W、X、Y、Z，按以下规则在进行 4 层叠罗汉表演。

(1) 第 1 层，即最底层有 4 个人，第 2 层有 3 个人，第 3 层有 2 个人，第 4 层，即最高的一层只有 1 个人。

(2) 除了第 1 层的演员站在地上，其他人都站在下一层相邻两个人的肩上。

(3) 任何一个杂技演员摔倒时，站在他肩上的其他两个杂技演员同时摔倒。

(4) 儿童杂技演员既不能站在底层，也不能站在双肩都被其他杂技演员踩到的位置上。

【问题】

问题1：如果 X 站在 V 的肩上，且 M 和 W 肩并肩地站在同一层，那么下面哪种排列可能是第 2 层的排列？(　　)

A. V、M、W　　　　　　B. V、W、M　　　　　　C. X、M、W

D. Y、N、Z　　　　　　E. Y、O、V

问题2：如果 Q 和 W 站在 N 的肩上，这时 M 跌倒了，M 跌倒后会造成其他人的跌倒，那么不跌倒的还剩下哪些人？(　　)

A. N、O、P、Q、V 和 W　　　　　　B. N、O、P、V、X 和 Y

C. N、P、V、W、X 和 Y　　　　　　D. O、P、Q、V、X 和 Y

E. O、P、Q、W、X 和 Y

问题3：如果 V 和 W 站在不同的层次上，且 X 和 Z 站在同一层，那么 Y 可以站在哪几层？(　　)

A. 第 2 层　　　　　　B. 第 3 层　　　　　　C. 第 4 层

D. 第 2 层、第 3 层　　　E. 第 3 层、第 4 层

问题4：如果 V 和 W 站在 O 的肩上，且 M、N 和 P 站在同一层，同时 M 是 N 和 P 之间唯一的一个演员，那么下列哪一判断肯定正确？(　　)

A. 如果 M 跌倒，那么所有的 5 个儿童演员也一定跌倒

B. 如果 N 跌倒，那么肯定有 4 个儿童演员也同时跌倒

C. 如果 O 跌倒，那么肯定有 2 个儿童演员也同时跌倒

D. 如果 P 跌倒，那么肯定有 3 个儿童演员也同时跌倒

E. 如果 Q 跌倒，那么肯定有 3 个儿童演员也同时跌倒

问题 5：如果 W 站在 V 的肩上，V 站在 M 的肩上，那么下列哪一推断不可能正确？（　　）

A. N 和 V 肩并肩地站在同一层上

B. W 和 X 肩并肩地站在同一层上

C. X 和 Y 肩并肩地站在同一层上

D. M 站在 N 和 P 那一层，而且是唯一站在他们之间的杂技演员

E. M 站在 Y 和 Z 那一层，而且是唯一站在他们之间的杂技演员

问题 6：如果 W 站在 N 和 P 的肩膀上，X 站在 M 和 V 的肩膀上，那么下列哪一推断肯定正确？（　　）

A. M 站在 V 和 W 那一层，并且是唯一站在他们之间的杂技演员

B. N 站在 P 和 Q 那一层，并且是唯一站在他们之间的杂技演员

C. O 站在 P 和 Q 那一层，并且是唯一站在他们之间的杂技演员

D. Q 站在 N 和 O 那一层，并且是唯一站在他们之间的杂技演员

E. P 站在 N 和 O 那一层，并且是唯一站在他们之间的杂技演员

问题 7：如果 N 和 Y 站在 M 的肩上，Z 站在 P 和 O 的肩上，那么下列哪一对演员肯定肩并肩地站在同一层上？（　　）

A. M 和 O　　　　B. M 和 P　　　　C. N 和 Z　　　　D. P 和 Q　　　　E. W 和 X

155. 十张扑克牌

在一副扑克牌中抽出 10 张，其中 1 张 J、2 张 Q、3 张 K、4 张 A。将这 10 张牌排成一个三角形：第 1 排 1 张扑克牌，第 2 排 2 张扑克牌，第 3 排 3 张扑克牌，第 4 排 4 张扑克牌。它们的排列还须满足下列条件：

(1) 第 4 排没有 A。

(2) 每排相同内容的扑克牌不得超过 2 张。

(3) A 不能与 K 放在同一排。

问题 1：下列哪一种排列符合以上条件？（　　）

A. 每排有 1 张 A

B. 第 1、第 2、第 3 排各有 1 张 K

C. 所有的 A 和 Q 都放在前 3 排

D. 所有的 A 放在第 2 排和第 3 排

E. 第 3 排内有 2 张 K

问题 2：第 2 排必须由下列哪几张扑克牌组成？（　　）

A. 2 张 A　　　　　　B. 2 张 K　　　　　　C. 1 张 A 和 1 张 K

D. 1 张 K 和 1 张 J   E. 1 张 J 和 1 张 Q

问题 3：下列哪几张扑克牌可以组成第 3 排？（   ）

A. 1 张 K 和 2 张 A   B. 1 张 K 和 2 张 Q

C. 1 张 Q 和 2 张 A   D. 1 张 Q 和 2 张 K

E. 1 张 J 和 1 张 A 和 1 张 Q

问题 4：在所有的排列中，2 张 Q 在哪几种排列中可以排在一行内？（   ）

A. 第 2 排   B. 第 3 排   C. 第 4 排

D. 第 2 排、第 4 排   E. 第 3 排、第 4 排

问题 5：如果所有的 A 被排在第 2 排和第 3 排，那么，下列哪一判断必定是正确的？（   ）

A. 在 2 张 A 中间夹着 1 张 J

B. 第 1 排是 1 张 K

C. 当 1 张 K 放在第 4 排时，1 张 Q 在同一排内毗邻于它

D. 第 3 排中有 1 张 J

E. 第 3 排中有 1 张 Q

问题 6：如果有 1 张 A 排在第 3 排中，那么下列哪一判断是错误的？（   ）

A. 当 1 张 Q 放在第 3 排时，同排有 1 张 A 毗邻于它

B. 第 3 排中间那 1 张是 A

C. 第 1 排是 1 张 A

D. 第 2 排的两张扑克牌都是 A

E. 第 3 排中间那张是 J

问题 7：任何一种排列都肯定有下列哪种情况出现？（   ）

A. 1 张 A 在第 1 排   B. J 在第 3 排

C. 有 1 张 Q 在第 3 排   D. 两张 Q 都放在第 4 排

E. 有两张 K 在第 4 排

156. 打扫卫生

一间宿舍里有 6 名学生 A、B、C、D、E 和 F。他们约定，在一个星期中，6 个人轮流打扫卫生，这样除了星期日大家一起休息外，其余每天都有一个人打扫卫生。打扫卫生的顺序按以下条件排列：

(1) B 在星期二或者在星期六打扫卫生。

(2) 如果 A 在星期一打扫卫生，那么 C 就在星期四打扫卫生；若 A 不在星期一打扫卫生，F 也不在星期五打扫卫生。

(3) 如果 E 不在星期三打扫卫生，那么 A 在星期三打扫卫生。

(4) 如果 A 在星期四打扫卫生，那么 D 在星期五打扫卫生。

(5) 如果 B 在星期二打扫卫生，那么 E 在星期五打扫卫生。

(6) 如果 F 在星期六打扫卫生，那么 D 在星期四打扫卫生。

问题1：下列哪项打扫卫生的顺序符合从星期一到星期六的打扫卫生条件？（　　）

A. D、B、A、E、C、F　　　　　　B. B、A、F、C、E、D

C. F、E、B、C、D、A　　　　　　D. C、B、A、D、E、F

E. A、B、D、C、E、F

问题2：如果 D 在星期六打扫卫生，那么 C 在哪一天打扫卫生？（　　）

A. 星期一　　　B. 星期二　　　C. 星期三　　　D. 星期四　　　E. 星期五

问题3：如果 A 在星期一打扫卫生，那么哪个人在星期二打扫卫生？（　　）

A. B　　　　　B. C　　　　　C. D　　　　　D. E　　　　　E. F

问题4：如果 B 在星期二打扫卫生，那么 F 可能在哪一天打扫卫生？（　　）

A. 星期一　　　　　　　　　　　B. 星期四

C. 星期一或星期四　　　　　　　D. 星期四或星期六

E. 星期一或星期四或星期六

157. 两卷胶卷

在一次选举中，一家报纸的摄影师交给报社两卷胶卷，其中一卷彩色胶卷，一卷黑白胶卷。这两卷胶卷拍的是关于某一个候选人的情况。

(1) 如果这个候选人在选举中获胜，那么这家报社的编辑们将用 X 卷。

(2) 如果这个候选人落选，编辑们将采用 Y 卷。

(3) Y 卷中的底片只有 X 卷的一半。

(4) X 卷是彩色片。

(5) X 卷中大部分的底片都已报废无用。

问题1：如果这家报社没有刊登候选人的彩色照片，那么下列哪个判断必定正确？（　　）

A. 编辑们用了 X 胶卷　　　　　B. 这个候选人在选举中没有获胜

C. Y 卷中没有一张有用的底片　　D. 这个候选人在选举中获胜

E. Y 卷中大部分底片没有用

问题2：如果 Y 卷中所有的底片都有用，那么下列哪一陈述肯定正确？（　　）

A. Y 卷中有用的底片比 X 卷中有用的底片多

B. Y 卷中有用的底片只是 X 卷中有用的底片的一半

C. Y 卷中有用的底片比 X 卷中有用的底片少

D. Y 卷中的底片与 X 卷中的底片一样多

E. Y 卷中有用的底片是 X 卷中有用的底片的两倍

问题3：如果这个候选人在选举中获胜，那么下列哪一陈述为真？（　　）

(1) 彩色胶卷将被采用。

(2) 如果这个候选人落选，那么这家报社所用的彩色照片与黑白照片一样多。

(3) 不采用黑白片。

A. 只有(1)是对的   B. 只有(3)是对的

C. 只有(1)和(2)是对的   D. 只有(1)和(3)是对的

E. 只有(2)和(3)是对的

158. 出国考察

为了学习西方的教育方法,某校建立了一个五人考察团,准备出国考察。考察团成员必须由两名老师代表、两名学生代表和一名校领导组成。

已知:

(1) 老师代表必须在 M、N 和 O 三人中产生。

(2) 学生代表必须在 P、R 和 S 三人中产生。

(3) 或者 J,或者 K 必须作为校领导带队。

(4) P 不能和 S 同时选入考察团。

(5) O 不能和 P 同时选入考察团。

(6) 除非 K 选入考察团,否则 N 就不能选入考察团。

问题 1:下列哪个名单中的人员可以同时选入考察团?(　　　)

A. J、M、N、R、S   B. J、N、O、R、S

C. K、M、N、P、R   D. K、M、N、P、S

E. K、N、O、P、R

问题 2:下列人员中,谁必定会被选入考察团?(　　　)

A. J   B. M   C. N   D. P   E. R

问题 3:设 P 和 R 被选为学生代表。此时,X、Y、Z 三人各作了一个判断。那么,谁的判断和分析肯定正确?(　　　)

X:K 被选入考察团。

Y:M 和 N 被选为老师代表。

Z:J 被选入考察团。

A. 只有 X 对   B. 只有 Y 对

C. 只有 Z 对   D. 只有 X 和 Y 对

E. 只有 Y 和 Z 对

问题 4:如果 J 已被选入考察团,下列名单中哪四个人可同时被选入考察团?(　　　)

A. M、N、P、R   B. M、N、R、S

C. M、O、P、R   D. M、O、R、S

E. N、O、R、S

问题 5:如果 N,R 和 S 三人已被确定为考察团成员,下列哪项关于其余两名考察团成员的判断是准确的?(　　　)

A. M 和 O 是可以补齐考察团成员的两个人

B. K 和 O 是可以补齐考察团成员的两个人

C. K 和 M 是可以补齐考察团成员的两个人

D. 或者 M 和 O，或者 K 和 O 有可能补上考察团的空缺

E. 或者 K 和 M，或者 K 和 O 有可能补上考察团的空缺

问题6：如果 J 必须被选入考察团，那么下列名单中哪一个不可能入选？（　　）

A. M　　　　B. O　　　　C. P　　　　D. R　　　　E. S

159. 操场上的彩旗

在操场上有 6 根旗杆，排列在同一条直线上，从左至右编号为 1～6。现在有 5 面旗子——一面黄的、一面绿的、一面红的、一面白的、一面蓝的，须挂在这些旗杆上。一根旗杆上只能挂一面旗子，这样不管怎样安排，都会留下一个空余的旗杆。而且，旗子必须按以下条件挂在旗杆上。

(1) 绿旗子必须离红旗子近离蓝旗子远。

(2) 黄旗子必须挂在紧挨在蓝旗子左边的旗杆上。

(3) 白旗子不能与蓝旗子毗邻。

(4) 红旗子不能挂在 1 号旗杆上。

问题1：下列各组从左至右的旗子安排除了一组之外，均符合以上条件，请指出不符合条件的那一组。（　　）

A. 绿旗子、红旗子、白旗子、空旗杆、黄旗子、蓝旗子

B. 绿旗子、红旗子、空旗杆、黄旗子、蓝旗子、白旗子

C. 绿旗子、白旗子、红旗子、黄旗子、蓝旗子、空旗杆

D. 白旗子、空旗杆、黄旗子、蓝旗子、红旗子、绿旗子

E. 空旗杆、绿旗子、白旗子、红旗子、黄旗子、蓝旗子

问题2：如果绿旗子必须挂在紧邻黄旗子左边的旗杆上，那么下列哪种从左至右的安排是符合条件的？（　　）

A. 红旗子、绿旗子、黄旗子、蓝旗子、空旗杆、白旗子

B. 白旗子、红旗子、空旗杆、绿旗子、黄旗子、蓝旗子

C. 空旗杆、红旗子、绿旗子、黄旗子、蓝旗子、白旗子

D. 空旗杆、白旗子、红旗子、绿旗子、黄旗子、蓝旗子

E. 空旗杆、红旗子、白旗子、绿旗子、黄旗子、蓝旗子

问题3：如果改变已知条件，使红旗子挂在 1 号旗杆上。如果 2～6 号旗杆上的旗子(不含空旗杆)只有一种排列是可能的，这种可能是什么？（　　）

A. 绿旗子、白旗子、黄旗子、蓝旗子

B. 绿旗子、黄旗子、蓝旗子、白旗子

C. 绿旗子、蓝旗子、黄旗子、白旗子

D. 白旗子、黄旗子、蓝旗子、绿旗子

E. 白旗子、绿旗子、黄旗子、蓝旗子

160. 乘出租车

罗伯特与吉姆是好朋友，两家人经常一起聚餐。一次他们准备去一家离住处比较远的地方聚餐，于是一同乘出租车。这两家的家庭成员共九人，他们是——罗伯特(父)、玛丽(母)和他们的三个儿子托米、丹、威廉，以及吉姆(父)、埃伦(母)和他们的两个女儿珍妮、苏珊。

此外，我们还已知：

(1) 他们打了三辆出租车，每辆出租车上可以坐三个乘客。

(2) 每辆出租车上至少要有一个父母辈的人；

(3) 每辆出租车上不能全是同一个家庭的成员。

问题 1：如果两个母亲(玛丽与埃伦)在同一辆出租车上，而罗伯特的三个儿子分别坐在不同的出租车上，下面的哪一个断定一定是正确的呢？( )

A. 每辆出租车上都有男也有女

B. 有一辆出租车上只有女的

C. 有一辆出租车上只有男的

D. 珍妮和苏珊两姐妹坐在同一辆出租车上

E. 罗伯特与吉姆这两个父亲坐在同一辆出租车上

问题 2：如果埃伦和苏珊乘坐同一辆出租车，下面哪一组人可以同乘另一辆出租车呢？( )

A. 丹、吉姆、珍妮　　　　　　　B. 丹、吉姆、威廉

C. 丹、珍妮、托米　　　　　　　D. 吉姆、珍妮、玛丽

E. 玛丽、罗伯特、托米

问题 3：如果吉姆和玛丽在同一辆出租车上，下列的五种情况中，只有一种情况是不可能存在的。到底是哪一种情况呢？( )

A. 丹、埃伦和苏珊同乘一辆出租车

B. 埃伦、罗伯特和托米同乘一辆出租车

C. 埃伦、苏珊和威廉同乘一辆出租车

D. 埃伦、托米和威廉同乘一辆出租车

E. 珍妮、罗伯特和苏珊同乘一辆出租车

问题 4：罗伯特家的三个儿子乘坐不同的出租车。对此，P、Q、R 三人作出三种断定：

P 断定：吉姆家的两个女儿不在同一辆出租车上。

Q 断定：吉姆和埃伦夫妻俩不在同一辆出租车上。

R 断定：罗伯特和玛丽夫妻俩不在同一辆出租车上。

请问哪一种判断肯定是正确的呢？（　　）

A. 只有 P 的断定是对的

B. 只有 Q 的断定对

C. P 和 Q 的断定是对的，R 的断定是错的

D. P 和 R 的断定对，Q 的断定是错的

E. P、Q、R 的断定都对

问题 5：途中，吉姆和两个男孩子下了车，准备去买点东西，而剩下的六个人则乘坐两辆出租车继续去餐馆。如果题设的其他已知条件不变，下面哪一组的孩子们可能直接到餐馆？（　　）

A. 丹、珍妮、苏珊　　　　　　　B. 丹、苏珊、威廉

C. 丹、托米、威廉　　　　　　　D. 丹、托米、苏珊

E. 苏珊、托米、威廉

161. 生病的人

已知：

(1) 一个得了 G 病的病人，会表现出发皮疹和发高烧，或者喉咙痛，或者头痛等症状，但不会同时有后两种症状。

(2) 一个得了 L 病的病人，会表现出发皮疹和发高烧等症状，但既不会喉咙痛，也不会头痛。

(3) 一个得了 T 病的病人，至少会表现出喉咙痛、头痛和其他可能产生的症状中的某种症状。

(4) 一个得了 Z 病的病人，至少会表现出头痛和其他可能产生的症状中的某种症状，但绝不会发皮疹。

(5) 没有人会同时患上所列 G，L，T，Z 四种疾病之中的两种以上。

问题 1：如果一个病人既喉咙痛又发烧，那么这个病人肯定（　　）。

A. 得了 Z 病　　　　　　　　　　B. 得的不是 G 病

C. 得的不是 L 病　　　　　　　　D. 发了皮疹

E. 头也痛

问题 2：如果有一个病人，患了以上某种不发皮疹的疾病，那么他肯定（　　）。

A. 发烧　　　B. 头痛　　　C. 喉咙痛　　　D. 得了 T 病　　　E. 得了 Z 病

问题 3：如果病人米勒没有喉咙痛的症状，那么他肯定（　　）。

A. 得了 L 病　　　　　　　　　　B. 得了 Z 病

C. 得的不是 G 病　　　　　　　　D. 得的不是 Z 病

E. 得的不是 T 病

问题 4：如果病人罗莎患上了以上某种疾病，但她既不发烧又不喉咙痛，那么，下列哪个判断肯定是对的？（　　）

(1) 她头痛。

(2) 她得了 Z 病。

(3) 她发了皮疹。

A. 只有(1)是对的　　　　　　　B. 只有(2)是对的

C. 只有(3)是对的　　　　　　　D. 只有(1)和(2)是对的

E. 只有(2)和(3)是对的

问题 5：如果病人哈里斯患了以上某种疾病，但他没有发烧，那么，他肯定会有下列哪种症状？(　　)

(1) 头痛。

(2) 皮疹。

(3) 喉咙痛。

A. 只有(1)是对的　　　　　　　B. 只有(2)是对的

C. 只有(3)是对的　　　　　　　D. 只有(1)和(2)是对的

E. 只有 2 和 3 是对的

问题 6：如果某个病人患了以上某种疾病，只表现出发烧和头痛两种症状，那么他得的肯定是(　　)。

A. G 病　　　　　B. L 病　　　　　C. T 病　　　　　D. Z 病

E. 可能是 G 病，也可能是 T 病

162. 密码的学问

一种密码只由字母 K、L、M、N、O 组成。密码的字母由左至右写成。符合下列条件才能组成密码文字：

(1) 密码文字最短为两个字母，可以重复。

(2) K 不能为首字母。

(3) 如果在某一密码文字中有 L，则 L 就得出现两次以上。

(4) M 不可以是最后一个字母，也不可以是倒数第二个字母。

(5) 如果这个密码文字中有 K，那么一定有 N。

(6) 除非这个密码文字中有 L，否则 O 不可能是最后一个字母。

问题 1：下列哪一个字母可以放在 LO 后面形成一个由三个字母组成的密码文字？(　　)

A. K　　　　　B. L　　　　　C. M　　　　　D. N　　E. O

问题 2：如果某一种密码只有字母 K、L、M 可用，且每个字只能用两个字母组成，那么可组成密码文字的总数是几？(　　)

A. 1　　　　　B. 3　　　　　C. 6　　　　　D. 9　　E. 12

问题 3：下列哪一组是一个密码文字？(　　)

A. KLLN　　　　B. LOML　　　　C. MLLO　　　　D. NMKO　　　　E. ONKM

问题 4：K、L、M、N、O 五个字母能组成几个由三个相同字母组成的密码文字？（　　）

A. 1　　　　　　B. 2　　　　　　C. 3　　　　　　D. 4　　　　　　E. 5

问题 5：只有一种情况除外，以下其他四种方法可以使密码文字 MMLLOKN 变成另一个密码文字。这种例外情况是（　　）。

A. 用 N 替换每个 L　　　　　　　B. 用 O 替换第一个 M

C. 用 O 替换 N　　　　　　　　　D. 把 O 移至 N 右边

E. 把第二个 M 移至 K 的左边

问题 6：下列五组字母中，有一组不是密码文字，但是只要改变字母的顺序，它也可以变成一个密码文字。这组字母是（　　）

A. LLMNO　　　B. LLLKN　　　C. MKNON　　　D. NKLML　　　E. OMMLL

问题 7：下列哪一组密码能用其中的某个字母来替换这个密码中的字母 X，从而组成一个符合规则的密码文字？（　　）

A. MKXNO　　　B. MXKMN　　　C. XMMKO　　　D. XMOLK　　　E. XOKLLN

163. 两对三胞胎

M、N、O、P、Q 和 R 是两对三胞胎。此外，我们还知道以下条件：

(1) 同胞兄弟姐妹不能婚配。

(2) 同性不能婚配。

(3) 六人中，四人是男性，两人是女性。

(4) 没有一对三胞胎是同性兄弟或姐妹。

(5) M 与 P 结为夫妇。

(6) N 是 Q 的唯一的兄弟。

问题 1：下列哪一对人中，谁和谁不可能是兄弟姐妹关系？（　　）

A. M 和 Q　　　B. O 和 R　　　C. P 和 Q　　　D. P 和 R　　　E. R 和 Q

问题 2：在下列何种条件下，R 肯定为女性？（　　）

A. M 和 Q 是同胞兄弟姐妹　　　　B. Q 和 R 是同胞兄弟姐妹

C. P 和 Q 是同胞兄弟姐妹　　　　D. O 是 P 的小姑

E. O 是 P 的小叔

问题 3：下列哪个判断肯定错？（　　）

A. O 是 P 的小姑　　　　　　　　B. Q 是 P 的小姑

C. N 是 P 的小叔　　　　　　　　D. O 是 P 的小叔

E. Q 是 P 的小叔

问题 4：如果 Q 和 R 结为夫妇，下列哪一判断肯定正确？（　　）

A. O 是男的　　　B. R 是男的　　　C. M 是女的

D. N 是女的　　　E. P 是女的

问题 5：如果 P 和 R 是兄弟关系，那么下列哪一判断肯定正确？（   ）

A. M 和 O 是同胞兄弟姐妹　　　B. N 和 P 是同胞兄弟姐妹

C. M 是男的　　　　　　　　　D. O 是女的

E. Q 是女的

164. 展厅之间的通道

某博物馆的负责人正走进一个临时分为七个房间——R、S、T、U、X、Y 和 Z 的画展的预展厅。这个展厅只有一个入口(也是出口)，从入口大门进去之后，他们首先到达房间 R，并且只能通过 R 出入展览馆。但是，一旦在展览馆内，他们即可自由地选择从一个房间到另一个房间去。所有连接七个房间的通道是：R 和 S 之间有一条通道；R 和 T 之间有一条通道；R 和 X 之间有一条通道；S 和 T 之间有一条通道；X 和 U 之间有一条通道；X 和 Y 之间有一条通道；Y 和 Z 之间有一条通道。

问题 1：下面哪间房间，是博物馆负责人不可能从入口进去的第三间房间？（   ）

A. S　　　　B. T　　　　C. U　　　　D. Y　　　　E. Z

问题 2：如果有一条两个房间之间的通道被关掉，而所有的房间仍能让人们进去参观，那么，被关掉的通道是可以通向下列哪一间房间的？（   ）

A. S　　　　B. U　　　　C. X　　　　D. Y　　　　E. Z

问题 3：假如有一位参观者觉得没有必要重复走来走去，而只想参观完所有的房间后就离开，这在目前条件下当然是不可能的。那么，请问这位参观者下列哪一间房间必须进去两次？（   ）

A. U　　　　B. S　　　　C. T　　　　D. Z　　　　E. Y

问题 4：有人建议开出一条新的通道，然后在 Z 房间设一个出口，从而使参观者可以从 R 开始参观一直到 Z 结束，不重复走任何一间房间。那么新开的通道应该在哪两个房间之间？（   ）

A. R—U　　　B. S—Z　　　C. T—U　　　D. U—Y　　　E. U—Z

165. 被偷的答案

一天，在迪姆威特教授讲授的一节物理课上，他的物理测验的答案被人偷走了。有机会窃取这份答案的，只有阿莫斯、伯特和科布这三名学生。

(1) 那天，这个教室里总共上了五节物理课。

(2) 阿莫斯只上了其中的两节课。

(3) 伯特只上了其中的三节课。

(4) 科布只上了其中的四节课。

(5) 迪姆威特教授只讲授了其中的三节课。

(6) 这三名学生都只上了两节迪姆威特教授讲授的课。

(7)　这三名被怀疑的学生出现在这五节课的每节课上的组合各不相同。

(8)　在迪姆威特教授讲授的一节课上，这三名学生中有两名来上了，另一名没有来上。事实证明来上这节课的那两名学生没有偷取答案。

请问：这三名学生中谁偷了答案？

166. 倒班制度

某大学要求学生毕业前都要去公司实习。一个寝室有三名学生，碰巧的是，他们在同一时间去了同一家公司实习。这个公司会轮流上班和休息，具体哪天上班，哪天休假都是已经安排好的。

现在已知：

(1)　一星期中只有一天三位实习员工同时值班。

(2)　没有一位实习员工连续三天值班。

(3)　任意两位实习员工在一个星期中同一天休假的情况不超过一次。

(4)　第一位实习员工在星期日、星期二和星期四休假。

(5)　第二位实习员工在星期四和星期六休假。

(6)　第三位实习员工在星期日休假。

请问：这三位实习员工在星期几可以同时值班？

提示：先判定星期日、星期二和星期四是谁值班，然后判定在题目中没有提到的三天中分别是谁休假。

167. 三位授课老师

在一所高中里有甲、乙、丙三位老师，他们在同一个年级里，并且相互之间都是好朋友。

甲、乙、丙三位老师分别讲授数学、物理、化学、生物、语文和历史六门课程，但不知道哪个老师分别教什么课程。现在只知道：其中每位老师分别教两门课。

除此之外，我们还知道以下信息。

(1)　化学老师和数学老师住在一起。

(2)　甲老师是三位老师中最年轻的。

(3)　数学老师和丙老师是一对优秀的象棋国手。

(4)　物理老师比生物老师年长，比乙老师又年轻。

(5)　三人中最年长的老师住家比其他两位老师远。

请问，哪位老师教哪两门课？

168. 英语竞赛

小王、小张、小李、小刘和小赵每人都参加了两次英语竞赛。

(1)　每次竞赛只进行了四场比赛：小王对小张、小王对小赵、小李对小刘、小李对小赵。

(2) 只有一场比赛在两次竞赛中胜负情况保持不变。

(3) 小王是第一次竞赛的冠军。

(4) 在每一次竞赛中,输一场即被淘汰,只有冠军一场都没输。

请问:谁是第二次竞赛的冠军?

注:每场比赛都不会有平局的情况。

提示:从一个人必定胜的比赛场数,判定在第一次竞赛中每一场的胜负情况,然后判定哪一位选手在两场竞赛中输给了同一个人。

169. 大有作为

鲁道夫、菲利普、罗伯特三位青年,一个当了歌手,一个考上大学,一个加入美军陆战队,个个未来都大有作为。现已知:

(1) 罗伯特的年龄比战士的大。

(2) 大学生的年龄比菲利普小。

(3) 鲁道夫的年龄和大学生的年龄不一样。

请问:三个人中谁是歌手?谁是大学生?谁是士兵?

170. 买工艺品

五位艺术品收藏家 S、T、U、V 和 W,去拍卖会买工艺品。此次拍卖共有七件工艺品,编号分别为 1～7 号。五人购买的工艺品符合以下特点。

(1) 没有一件工艺品可以分给多个人同时购买,没有一位买者可以买三件以上工艺品。

(2) 谁买了 2 号工艺品,就不能买其他工艺品。

(3) 没有一位买者可以既买 3 号工艺品,又买 4 号工艺品。

(4) 如果 S 买了一件工艺品或多件工艺品,那么 U 就不能买。

(5) 如果 S 买 2 号工艺品,那么 T 必须买 4 号工艺品。

(6) W 必须买 6 号工艺品,而不能买 3 号工艺品。

问题1:如果 S 买了 2 号工艺品,那么谁必须买 3 号工艺品?(　　)

A. S　　　　　B. T　　　　　C. U　　　　　D. V　　　　　E. W

问题2:如果 S 买了 2 号工艺品,其他三位买者各买两件工艺品,那么三人当中没人能同时买下列哪两件工艺品?(　　)

A. 1 号工艺品和 3 号工艺品　　　B. 1 号工艺品和 6 号工艺品

C. 1 号工艺品和 7 号工艺品　　　D. 4 号工艺品和 5 号工艺品

E. 6 号工艺品和 7 号工艺品

问题3:如果 U 和 V 都没有买工艺品,谁一定买了 3 件工艺品?(　　)

A. 只有 S 买了 3 件工艺品　　　B. 只有 T 买了 3 件工艺品

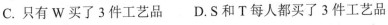

C. 只有 W 买了 3 件工艺品　　　D. S 和 T 每人都买了 3 件工艺品

E. S 和 W 每人都买了 3 件工艺品

171. 左邻右舍

张先生、李太太和陈小姐三人住在一幢公寓的同一层。一个人的房间居中，另外两人分别在两旁。

(1)　他们每人都只养了一只宠物：不是狗就是猫；每人都只喝一种饮料：不是茶就是咖啡；每人都有一种体育爱好：不是网球就是篮球。

(2)　张先生住在打网球者的隔壁。

(3)　李太太住在养狗者的隔壁。

(4)　陈小姐住在喝茶者的隔壁。

(5)　没有一个打篮球者喝茶。

(6)　至少有一个养猫者打篮球。

(7)　至少有一个喝咖啡者住在一个养狗者的隔壁。

(8)　任何两人的相同嗜好不超过一种。

请问：谁的房间居中？

提示：判定哪些嗜好组合可以符合这三人的情况，然后判定哪一个组合与住在中间的人相符合。

172. 避暑山庄

甲、乙、丙和丁四个人分别在上个月不同时间入住避暑山庄，又在不同的时间分别退了房。现在只知道：

(1)　滞留时间(比如从 7 日入住，8 日离开，滞留时间为 2 天)最短的是甲，最长的是丁。乙和丙滞留的时间相同。

(2)　丁不是 8 日离开的。

(3)　丁入住的那天，丙已经住在那里了。

记录的入住时间是：1 日、2 日、3 日、4 日。

记录的离开时间是：5 日、6 日、7 日、8 日。

根据以上条件，你知道他们四人分别的入住时间和离开时间吗？

173. 名字与职业

张三、李四、王五、赵二、孙六在上大学时住在同一个宿舍，大家关系都很好。他们毕业以后有的当上了老板、理发师、医生、教师和公司职员(名字和职业不相互对应的)。

现在知道：

(1)　老板不是王五，也不是赵二。

(2) 教师不是赵二,也不是张三。

(3) 王五和孙六住在同一栋公寓,对面是公司职员的家。

(4) 李四、王五和理发师经常一起出去旅游。

(5) 张三和王五有空时,就和医生、老板一起打牌。

(6) 而且,每隔十天,赵二和孙六一定要到理发店修个脸。

(7) 但是,公司职员一向自己刮胡子,从来不到理发店去。

问题:请将这五个人的名字和职业对应起来。

174. 谁养鱼

此题源于 1981 年柏林的德国逻辑思考学院,98%的测验者无法解答此题。

有五间房屋排成一列,所有房屋的外表颜色都不一样;所有的屋主都来自不同的国家;所有的屋主都养不同的宠物、喝不同的饮料、抽不同牌子的香烟。

(1) 英国人住在红色房屋里。

(2) 瑞典人养了一只狗。

(3) 丹麦人喝茶。

(4) 绿色的房子在白色的房子的左边。

(5) 绿色房屋的屋主喝咖啡。

(6) 吸 PallMall(PM)香烟的屋主养鸟。

(7) 黄色屋主吸 Dunhill(DH)香烟。

(8) 位于最中间的屋主喝牛奶。

(9) 挪威人住在第一间房屋里。

(10) 吸 Blend(BL 混合)香烟的人住在养猫人的隔壁。

(11) 养马的屋主在吸 Dunhill(DH)香烟的人的隔壁。

(12) 吸 BlueMaster(BM)香烟的屋主喝啤酒。

(13) 德国人吸 Prince(PR)香烟。

(14) 挪威人住在蓝色房子隔壁。

(15) 只喝开水的人住在吸 Blend(BL)香烟的人的隔壁。

请问:谁养鱼?

175. 谁偷了考卷

高三(2)班期末考试的试卷在考试前两天的时候被偷了,老师根据调查和一些线索找到了三个可能的嫌疑人。对三名嫌疑人来说,下列事实成立:

(1) A、B、C 三人中至少一人偷了考卷。

(2) A 偷考卷时,B、C 肯定会与之同案。

(3) C 偷考卷时,A、B 肯定会与之同案。

(4) B 偷考卷时,没有同案者。

(5)　A、C 中至少一人无罪。

请问：是谁偷了考卷？

176. 写信

已知：

(1)　教室里标有日期的信都是用粉色纸写的。

(2)　小王写的信都是以"亲爱的"开头的。

(3)　除了小赵外没有人用黑墨水写信。

(4)　小李没有收藏他可以看到的信。

(5)　只有一页信纸的信中，都标明了日期。

(6)　未作标识的信都是用黑墨水写的。

(7)　用粉色纸写的信都收藏起来了。

(8)　一页以上的信纸的信中，没有一封是做标记的。

(9)　小赵没有写一封以"亲爱的"开头的信。

根据以上信息，判断小李是否可以看到小王写的信？

177. 副经理姓什么

一家公司有 3 名职员：老张、老陈和老孙。公司的经理、副经理和秘书恰好和这 3 名职员的姓氏一样。现在已知：

(1)　职员老陈是天津人。

(2)　职员老张已经工作了 20 年。

(3)　副经理家住在北京和天津之间。

(4)　领导老孙常和秘书下棋。

(5)　其中一名职员和副经理是邻居，他也是一个老职工，工龄正好是副经理的 3 倍。

(6)　与副经理同姓的职员家住北京。

根据上面的资料，你能知道副经理姓什么吗？

178. 小土的老乡

小王寝室有 5 位室友，他们姓赵、钱、孙、李、周，其中一位是他的同乡。

(1)　5 位室友分为两个年龄档：3 位是"80 后"，2 位是"90 后"。

(2)　2 位在学校工作，另外 3 位在工厂工作。

(3)　姓赵和姓孙的室友属于相同年龄档。

(4)　姓李和姓周的室友不属于相同年龄档。

(5)　姓钱和姓周的室友的职业相同。

(6)　姓孙和姓李的室友的职业不同。

(7) 小王的同乡是一位在学校工作的"90后"。

请问：谁是小王同乡？

179. 排队

课间操时，小王、小张、小赵、小李、小吴、小孙六个人排成一排。他们的前后顺序如下：

(1) 小孙没有排在最后，而且他和最后一个人之间还有两个人。

(2) 小吴不是最后一个人。

(3) 在小王的前面至少还有四个人，但他没有排在最后。

(4) 小李没有排在第一位，但他前后至少都有两个人。

(5) 小赵没有排在最前面，也没有排在最后。

请问：他们六个人的前后顺序是怎么排的？

180. 四兄弟

一家有四兄弟，老大、老二、老三、老四，大学毕业后，他们各自成了家，而且一个成了教师、一个成了编辑、一个成了记者、一个成了律师。

请你根据下面的情况判断每个人的职业。

(1) 老大和老二是邻居，每天一起骑车去上班。

(2) 老大比老三长得高。

(3) 老大和老四业余一同练武术。

(4) 教师每天步行上班。

(5) 编辑的邻居不是律师。

(6) 律师和记者互相不认识。

(7) 律师比编辑和记者长得高。

181. 满分成绩

初三(2)班有三名同学，他们的成绩都非常好，在一次考试中，他们的成绩有如下特点。

(1) 恰有两位数学满分，恰有两位语文满分，恰有两位英语满分，恰有两位物理满分。

(2) 每名同学至多只有三科得了满分。

(3) 对于小明来说，下面的说法是正确的：如果他数学满分，那么他物理也满分。

(4) 对于小华和小刚来说，下面的说法是正确的：如果他语文满分，那么他英语也满分。

(5) 对于小明和小刚来说，下面的说法是正确的：如果他物理满分，那么他英语也满分。

请问：哪一位同学的物理没有满分？

提示：先判定哪几位同学的英语得了满分。

182. 夏日的午后

夏日的午后，一家四口人分别在做不同的事情。他们当中有一个人在乘凉、一个人在洗澡、一个人在打电话，还有一个人在看书。

(1) 爸爸没有在乘凉，也没有在看书。

(2) 妈妈没有打电话，也没有在乘凉。

(3) 如果爸爸没有打电话，那么弟弟没有在乘凉。

(4) 姐姐既没有在看书，也没有在乘凉。

(5) 弟弟没有在看书，也没有打电话。

请问：他们各自在做什么呢？

183. 谁偷了珠宝

一件价值连城的珠宝在展厅里被盗，甲、乙、丙、丁四名国际大盗都有嫌疑。经过核实，发现是四人中的两个人合伙作案。在盗窃案发生的那段时间，四个人的行动是有规律的。

(1) 甲、乙两人中有且只有一个人去过展厅。

(2) 乙和丁不会同时去展厅。

(3) 丙若去展厅，丁一定会同去。

(4) 丁若没去展厅，则甲也没去。

根据这些情况，你可以判断是哪两个人作的案吗？

184. 政府要员

在一列国际列车的某节车厢内，有 A、B、C、D 四名不同国籍的旅客，他们身穿不同颜色的西装，坐在同一张桌子的两面，其中两人靠边坐。已经知道，他们中有一位身穿蓝色西装的旅客是政府要员，并且又知道：

(1) 英国旅客坐在 B 先生的左侧。

(2) A 先生穿褐色西装。

(3) 穿黑色西装者坐在德国旅客的右侧。

(4) D 先生的对面坐着美国旅客。

(5) 俄国旅客身穿灰色西装。

(6) 英国旅客把头转向左边，望着窗外。

那么，请找出谁是穿蓝色西装的政府要员。

185. 考试成绩

期末考试后，老师透露了一些同学的成绩，其中 A、B、C、D、E、F、G、H 八个人的名次关系如下。

(1) B、C、D 三人中 B 最高，D 最低，但不是第八名。

(2) F 的名次为 A、C 名次的平均数。

(3) F 比 E 高四个名次。

(4) G 是第四名。

(5) A 比 C 的名次高。

根据以上信息，你可以判断出他们分别是第几名吗？

186. 谁被雇佣了

又到了毕业找工作的时节，甲、乙、丙、丁四人竞争应聘同一个职务，此职务的要求条件是：

研究生毕业；

至少两年的工作经验；

会用 Office 软件；

具有英语六级证书；

谁满足的条件最多，谁就被雇用。

又知道以下情况：

(1) 把上面四个要求条件两两配对，可配成六对。每对条件都恰有一人符合。

(2) 甲和乙具有同样的学历。

(3) 丙和丁具有同样的工作年限。

(4) 乙和丙都会用 Office 软件。

(5) 丁具有英语六级证书。

你知道这四个人当中谁被雇用了吗？

187. 电话线路

直到现在，在一些偏远的地区还没有普及电话。有的镇与镇之间只能靠人传递信息，西北的某个地区就是这样。该地区的六个小镇之间的电话线路还很不完备。A 镇同其他五个小镇之间都有电话线路。但是，B 镇、C 镇却只与其他四个小镇有电话线路；D、E、F 三个镇只同其他三个小镇有电话线路。而且，这些镇之间的电话线路都是直通的，也就是无法中转。如果在 A 镇装个电话交换系统，A、B、C、D、E、F 六个小镇都可以互相通话。但是，电话交换系统要等半年之后才能建成。在此之前，两个小镇之间必须装上直通线路才能互相通话。我们还知道 D 镇可以打电话到 F 镇。

请问：E 镇可以打电话给哪三个小镇？

188. 教职员工

某大学的一名教职员工说："我们系里的教职员工中，包括我在内，总共有16 名教授和讲师。下面讲到的人员情况，无论是否把我计算在内，都不会有任何变化。"在这些教职员工中：

(1) 讲师多于教授。

(2) 男教授多于男讲师。

(3) 男讲师多于女讲师。

(4) 至少有一位女教授。

请问：这位说话的人是什么性别和职务？

提示：确定一种不与题目中任何陈述相违背的关于男讲师、女讲师、男教授和女教授的人员分布情况。

189. 六名运动员

要从编号为 A、B、C、D、E、F 的六名运动员中挑选若干人去参加运动会，但是人员的配备是有要求的，具体要求如下：

(1) A、B 中至少去一人。

(2) A、D 不能一起去。

(3) A、E、F 中要派两人去。

(4) B、C 都去或都不去。

(5) C、D 中去一人。

(6) 若 D 不去，则 E 也不去。

由此可见，被挑去的人是哪几个？

190. 相识纪念日

汤姆和杰瑞是一对情侣，他们是在一家健身俱乐部首次相遇并相互认识的。一天，杰瑞问汤姆他们相识的纪念日是哪一天，可是汤姆并没有记住确切的日期，他只知道以下这些信息。

(1) 汤姆是在一月份的第一个星期一那天开始去健身俱乐部的。此后，汤姆每隔四天(即第五天)去一次。

(2) 杰瑞是在一月份的第一个星期二那天开始去健身俱乐部的。此后，杰瑞每隔三天(即第四天)去一次。

(3) 在一月份的 31 天中，只有一天汤姆和杰瑞都去了健身俱乐部，正是那一天他们首次相遇。

你能帮助汤姆算出他们的相识纪念日是一月份的哪一天吗？

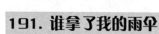

191. 谁拿了我的雨伞

一天，甲、乙、丙、丁、戊五个人参加一个聚会。由于下雨，五个人各带了一把伞。聚会结束时，由于走得匆忙，大家到了家以后才发现，自己拿的并不是自己的伞。

现在已知：

(1) 甲拿走的伞不是乙的，也不是丁的。

(2) 乙拿走的伞不是丙的，也不是丁的。

(3) 丙拿走的伞不是乙的，也不是戊的。

(4) 丁拿走的伞不是丙的，也不是戊的。

(5) 戊拿走的伞不是甲的，也不是丁的。

另外，还发现没有两个人相互拿错了雨伞。

请问：这五个人拿走的雨伞分别是谁的？

192. 是人还是妖怪

在一个奇怪的岛上，住着两种居民：人和妖怪。妖怪会变化，总是以人的状态生活。有一年，这里发生了一场大瘟疫，有一半的人和一半的妖怪都生了病而变得精神错乱了。这样一来，这里的居民就分成了四类：神志清醒的人、精神错乱的人、神志清醒的妖怪、精神错乱的妖怪。从外表上是无法将他们区分开的。他们的不同在于：凡是神志清醒的人总是说真话的，但是，一旦精神错乱了，他就只会说假话了。

妖怪同人恰好相反，凡是神志清醒的妖怪都是说假话的，但是，他们一旦精神错乱，反倒说起真话来了。

这四类居民，讲话都很干脆，他们对任何问题的回答，只用两个词："是"或"不是"。

有一天，有位道士来到这个岛上。他遇见了一个居民 P。道士很想知道 P 是属于四类居民中的哪一类。于是，他就向 P 提出一个问题。他根据 P 的回答，立即就推定 P 是人还是妖怪。后来，他又提出了一个问题，又推定出 P 是神志清醒的，还是精神错乱的。

道士先后提的是哪两个问题呢？

193. 问路

一个打柴的人在山里迷了路，无法下山，可把他吓坏了。他走了很久，这时，他来到一个三岔路口旁。遇到了三个人，他们每人站在一个路口上。打柴的人赶紧向他们问路，希望可以尽快下山。

第一个路口的人回答说："这条路通向山下。"

第二个路口的人回答说："这条路不通向山下。"

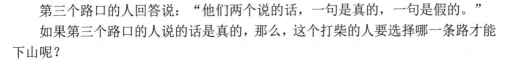

第三个路口的人回答说："他们两个说的话，一句是真的，一句是假的。"

如果第三个路口的人说的话是真的，那么，这个打柴的人要选择哪一条路才能下山呢？

194. 回答的话

在一个奇怪的岛上有两个部落，一个部落叫诚实部落，一个部落叫说谎部落。诚实部落的人只说实话，而说谎部落的人只说假话。一个路人要找一个诚实部落的人问路，他遇到两个人，就问其中的一个："你们两个人中有诚实部落的人吗？"被问者回答了他的话，路人根据这句话，很快就判断出哪一个是诚实部落的人了。你知道，被问者回答的是什么吗？

195. 爱撒谎的孩子

一个孩子很爱撒谎，一周有六天在说谎，只有一天说实话。下面是他连续在三天里说的话：

第一天：我星期一、星期二撒谎。

第二天：今天是星期四、星期六或是星期日。

第三天：我星期三、星期五撒谎。

请问：一周中他哪天说实话呢？

196. 今天星期几

在非洲某地有两个奇怪的部落，一个部落的人在每周的一、三、五说谎，另一个部落的人在每周的二、四、六说谎，在其他日子他们都说实话。一天，一位探险家来到这里，见到两个人，向他们请教今天是星期几。两个人都没有明确告诉他，只是都说："前天是我说谎的日子。"如果这两个人分别来自两个部落，那么今天应该是星期几？

197. 真话和谎话

老师找五名学生谈话，他们分别说了下面这些话：

小江说："我上课从来不打瞌睡。"

小华说："小江撒谎了。"

小婧说："我考试时从来不舞弊。"

小洁说："小婧在撒谎。"

小雷说："小婧和小洁都在撒谎。"

请问：你能判断出他们中有几个人撒了谎吗？

198. 该释放了谁

有一个侦探逮捕了 5 个嫌疑人 A、B、C、D、E。这 5 个人供出的作案地点有

出入。进一步审讯了他们之后,他们分别提出了以下的申明:

A:5个人当中有1个人说谎。

B:5个人当中有2个人说谎。

C:5个人当中的3个人说谎。

D:5个人当中有4个人说谎。

E:5个人全说谎。

侦探只能释放说真话的人,该释放哪几个人呢?

199. 寻找汉奸

抗日战争时期,华北平原上某县,日本鬼子把全县2000人赶到一个广场上让这些人交代八路军的下落,被逼之下,老百姓每人说了个八路军的藏身之处,2000人说辞各不相同。再进一步拷打,日本鬼子得到了以下信息:

第一个人:2000人中有1个人在说谎;

第二个人:2000人中有2个人在说谎;

第三个人:2000人中有3个人在说谎;

......

第n个人:2000人中有n个人在说谎;

......

第1999个人:2000人中有1999个人在说谎;

第2000人:2000人都在说谎。

你知道谁是汉奸,对日本鬼子说了实话吗?

200. 假话与真话

问题1:下面三个人谁说的对?

A. 小明:有一个人说了假话。

B. 小丽:有两个人说了假话。

C. 小花:有三个人说了假话。

问题2:下面三个人谁说得对?

A. 小明:有一个人说了真话。

B. 小丽:有两个人说了真话。

C. 小花:有三个人说了真话。

201. 天堂和地狱

一个岔路分别通向天堂和地狱。路口站着两个人,已知一个来自天堂,另一个来自地狱,但是不知道谁来自天堂,谁来自地狱。只知道来自天堂的人永远说实话,来自地狱的人永远说谎话。现在你要去天堂,但不知道应该走哪条路,需要问这两个人。只许问一句，应该怎么问？

202. 现在是几月

一天，7 个小朋友在一起讨论现在是几月。

小红：我知道下下个月是三月。

小华：不对，这个月是三月。

小刘：你们错了，下个月是三月。

小童：你们错了，上个月是三月。

小明：我确信上上个月是三月。

小芳：不对，现在既不是一月、二月，也不是三月。

小美：不管怎么样，上个月不是 10 月。

他们之中只有一个人讲对了，是哪一个呢？现在到底是几月？

203. 出门踏青

有四个同事商量着周末出去踏青。甲说："乙不会去颐和园的。"乙说："丙会去圆明园。"丙说："丁是不会去玉渊潭的。"丁说："我周六早上 8 点就出门。"可是结果表明，他们中只有一个人说的是对的，不过他们中确实有人去了颐和园、有人去了圆明园、有人去了玉渊潭，而且我们知道去玉渊潭的人说的是错的。那么，谁去了玉渊潭？

204. 鞋店

兄弟两人每人开了个鞋店，正好对门开着。哥哥的招牌上写着："与对面鞋店老板手艺相比，我是他手艺的 1000 倍。"弟弟的招牌上写着："我的手艺是对面鞋店老板手艺的 10000 倍。"有个人看了两家的招牌，就选择了弟弟的店做鞋，谁知道做出来的一塌糊涂，这人一怒之下，将弟弟告到县衙，县长听了之后直摇头说："既然人家已经明明白白写了，给你做成这样，你也只能接受了。"到底是怎么回事呢？

205. 坐座位

A～F 六个人围着一个六边形的桌子而坐(见下图)。图中已经填好了 A 和 B 的位置，请根据下面的提示依次把其他的空位填满。

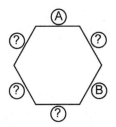

(1) A 坐在 B 右手边隔一个空位的位子。

(2) C 坐在 D 的正对面。

(3) E 坐在 F 左手边隔一个空位的位子。

那么，如果 F 不是坐在 D 的隔壁，A 的右边会是谁呢？

206. 学生籍贯

有一个学校有 2000 名学生和 180 名教职工。

如果以下关于学生的判断只有一个是真的。

(1) 有学生是广东人。

(2) 有学生不是广东人。

(3) 会计系大一班班长不是广东人。

(4) 有教职工不是广东人。

(5) 校长不是广东人。

问以下哪项为真？(　　　)

A. 2000 名学生都是广东人　　　B. 2000 名学生都不是广东人

C. 只有 1 个学生不是广东人　　　D. 只有 1 个学生是广东人

207. 时晴时雨

冬天放寒假的时候，红红来到住在海南的外婆家度假，这几天假期的天气时晴时雨，具体来说：

(1) 上午或下午下雨的情况有 7 次。

(2) 凡是下午下雨的那天上午总是晴天。

(3) 有 5 个下午是晴天。

(4) 有 6 个上午是晴天。

想一想，红红在外婆家一共住了几天？

208. 猜数字

老师在一张纸上写了 4 个数字，对甲、乙、丙、丁说：“你们 4 位是班上最聪明，最会推理、演算的学生。今天，我出一道题考考你们。我手中的纸条上写了 4 个数字，这 4 个数字是 1、2、3、4、5、6、7、8 中的任意 4 个。你们先猜猜各是哪 4 个数字。”

甲说：2、3、4、5。

乙说：1、3、4、8。

丙说：1、2、7、8。

丁说：1、4、6、7。

听了 4 人猜的结果后，老师说：“甲和丙两同学猜对了 2 个数字，乙和丁同学只猜对了 1 个数字。”你能推导出纸条上写了哪几个数吗？

209. 谁做对了

王英、李红、张燕三个人在讨论一道数学题，当她们都把自己的解法说出来以后，王英说："我做错了。"李红说："王英做对了。"张燕说："我做错了。"老师看过她们的答案并听了她们的上述意见后说："你们三个人有一个做对了，有一个说对了"。那么，谁做对了呢？（　　　）

A. 李红　　　　B. 王英　　　　C. 张燕　　　　D. 不能确定

210. 猜明星的年龄

甲、乙、丙、丁四个人在议论一位明星的年龄。

甲说：她不会超过 25 岁。

乙说：她不超过 30 岁。

丙说：她绝对在 35 岁以上。

丁说：她的岁数在 40 岁以下。

实际上只有一个人说对了。

那么下列正确的是哪个？（　　　）

A. 甲说得对　　　　　　　　B. 她的年龄在 40 岁以上

C. 她的岁数在 35～40 岁之间　　D. 丁说得对

211. 猜颜色

有五个外表一样的药瓶，里边分别装有红、黄、蓝、绿、黑五色的药丸，现在由甲、乙、丙、丁、戊五个人来猜药丸的颜色。

甲说：第二瓶是蓝色，第三瓶是黑色。

乙说：第二瓶是绿色，第四瓶是红色。

丙说：第一瓶是红色，第五瓶是黄色。

丁说：第三瓶是绿色，第四瓶是黄色。

戊说：第二瓶是黑色，第五瓶是蓝色。

事实上，五个人都只猜对了一瓶，并且每人猜对的颜色都不同。请问，每瓶分别装了什么颜色的药丸？

212. 谁被录用了

A、B、C、D、E、F 六人去一家公司参加面试，但公司只招一个人。究竟谁被录用了呢？

公司的四位领导作了以下预测：

甲：我看 A 或者 B 有希望。

乙：不对，应该是 A、C 中的一个。

丙：是 E 或者 F 有希望。

丁：不可能是 A。

而结果证明，四个人只有一个人的预测是正确的。

请问：谁被录用了？

213. 北美五大湖

北美有五大湖，它们分别是苏必利尔湖、休伦湖、密歇根湖、伊利湖和安大略湖。吉姆拿出五大湖的图片，标上数字 1～5，让甲、乙、丙、丁、戊五人来辨认。

甲说：2 号是苏必利尔湖，3 号是休伦湖。

乙说：4 号是密歇根湖，2 号是伊利湖。

丙说：1 号是密歇根湖，5 号是安大略湖。

丁说：4 号是安大略湖，3 号是伊利湖。

戊说：2 号是休伦湖，5 号是苏必利尔湖。

核对答案后，吉姆发现每个人都只说对了一个，那么正确的结果是怎样的呢？

214. 汽车的颜色

听说娜娜买了一辆新的跑车，她的三个好朋友在一起猜测新车的颜色。

甲说："一定不会是红色的。"

乙说："不是银色的就是黑色的。"

丙说："那一定是黑色的。"

以上三句话，至少有一句是对的，至少有一句是错的。

根据以上提示，你能猜出娜娜买的车是什么颜色吗？

215. 谁是间谍

国际警察在某飞机场的候机厅发现了三个可疑的人。这三个人中有一个是国际间谍，讲的全是假话；一个是从犯，说起话来真真假假；还有一个是好人，每句话都是真的。在问及他们来自哪里时，得到以下回答：

甲：我来自阿拉伯，乙来自刚果，丙来自墨西哥。

乙：我来自南非，丙来自荷兰，甲呢，你要问他，他肯定说他来自阿拉伯。

丙：我来自荷兰，甲来自墨西哥，乙来自刚果。

请问，谁是永远说假话的国际间谍？

216. 谁是罪犯

某仓库被窃。经过侦破，查明作案的人是甲、乙、丙、丁四个人中的一个人。审讯中，四个人的口供如下：

甲："仓库被窃的那一天，我在别的城市，因此我是不可能作案的。"

乙："丁就是罪犯。"

丙："乙是盗窃仓库的罪犯，因为我亲眼看见他那一天进过仓库。"

丁："乙是有意陷害我。"

问题1：现假定这四个人的口供中，只有一个人讲的是真话。那么(　　)。

A. 甲是盗窃仓库的罪犯　　　　　B. 乙是盗窃仓库的罪犯

C. 丙是盗窃仓库的罪犯　　　　　D. 丁是盗窃仓库的罪犯

E. 甲、乙、丙、丁都不是盗窃仓库的罪犯

问题2：现假定这四个人的口供中，只有一个人讲的是假话。那么(　　)。

A. 甲是盗窃仓库的罪犯　　　　　B. 乙是盗窃仓库的罪犯

C. 丙是盗窃仓库的罪犯　　　　　D. 丁是盗窃仓库的罪犯

E. 甲、乙、丙、丁都不是盗窃仓库的罪犯

217. 谁是盗窃犯

有个法院开庭审理一起盗窃案件，某地的 A、B、C 三人被押上法庭。负责审理这个案件的法官是这样想的：肯提供真实情况的不可能是盗窃犯；与此相反，真正的盗窃犯为了掩盖罪行，是一定会编造口供的。因此，他得出了这样的结论：说真话的肯定不是盗窃犯，说假话的肯定就是盗窃犯。审判的结果也证明了法官的这个想法是正确的。

审问开始了。

法官先问 A："你是怎样进行盗窃的？从实招来！"A 回答了法官的问题："叽里咕噜，叽里咕噜……"A 讲的是某地的方言，法官根本听不懂他讲的是什么意思。

法官又问 B 和 C："刚才 A 是怎样回答我的提问的？叽里咕噜，叽里咕噜，是什么意思？"

B 说："禀告法官老爷，A 的意思是说，他不是盗窃犯。"

C 说："禀告法官老爷，A 刚才已经招供了，他承认自己就是盗窃犯。"

B 和 C 说的话法官是能听懂的。听了 B 和 C 的话之后，这位法官马上断定：B 无罪，C 是盗窃犯。

请问：这位聪明的法官为什么能根据 B 和 C 的回答，作出这样的判断？A 是不是盗窃犯？

218. 女朋友

三个男生、三个女生一起出去玩儿，回来之后三个男生——汤姆、托尼、罗斯对他们的好朋友李雷说："这次收获真大，我们凑成了三对。"李雷也认识那三个女生——蕾切尔、莉莉和莫妮卡，他就说："那我猜猜。汤姆的女朋友是蕾切尔，托尼肯定找的不是莉莉，罗斯自然不是蕾切尔的男朋友了。"很可惜，李雷只说对了一个。由此可以知道(　　)。

A. 汤姆的女朋友是蕾切尔，罗斯的女朋友是莉莉，托尼的女朋友是莫妮卡。

B. 汤姆的女朋友是蕾切尔，罗斯的女朋友是莫妮卡，托尼的女朋友是莉莉。

C. 汤姆的女朋友是莫妮卡，罗斯的女朋友是蕾切尔，托尼的女朋友是莉莉。

D. 汤姆的女朋友是莉莉，罗斯的女朋友是蕾切尔，托尼的女朋友是莫妮卡。

219. 自杀还是谋杀

麦当娜死了，因为溺水死亡，警察抓到了三名嫌疑人甲、乙和丙，警探对他们进行了讯问。

(1) 甲说：如果这是谋杀，那肯定是乙干的。

(2) 乙说：如果这是谋杀，那可不是我干的。

(3) 丙说：如果这不是谋杀，那就是自杀。

警探如实地说：如果这些人中只有一个人说谎，那么麦当娜是自杀。

麦当娜是死于意外事故，还是自杀，甚至是谋杀？

提示：在分别假定陈述(1)、陈述(2)和陈述(3)为谎言的情况下，推断麦当娜的死亡原因，然后判定这些陈述中有几条能同时为谎言。

220. 女子比赛结果

全国运动会举行女子 5000 米比赛，辽宁、山东、河北各派了三名运动员参加。比赛前，四名体育爱好者在一起预测比赛结果。

甲说："辽宁队训练就是有一套，这次的前三名非她们莫属。"

乙说："今年与去年可不同了，金银铜牌辽宁队顶多拿一块。"

丙说："据我估计，山东队或者河北队会拿牌的。"

丁说："第一名如果不是辽宁队，就该是山东队了。"

比赛结束后，发现四个人只有一人言中。

以下哪项最可能是该项比赛的结果？( )

A. 第一名是辽宁队，第二名是辽宁队，第三名是辽宁队

B. 第一名是辽宁队，第二名是河北队，第三名是山东队

C. 第一名是山东队，第二名是辽宁队，第三名是河北队

D. 第一名是河北队，第二名是辽宁队，第三名是辽宁队

221. 找出死者和凶手

甲的妹妹是丙和戊；他女友是己。己的哥哥是乙和丁。

他们的职业分别是：

甲：医生

乙：医生

丙：医生

丁：律师

戊：律师

己：律师

这六人本来是一家人，但却突然发生了冲突，其中的一人杀了其余五人中的一人。警察经过询问得到以下六条口供：

(1) 如果凶手与受害者有亲缘关系，则凶手是男性。

(2) 如果凶手与受害者没有亲缘关系，则凶手是个医生。

(3) 如果凶手与受害者职业相同，则受害者是男性。

(4) 如果凶手与受害者职业不同，则受害者是女性。

(5) 如果凶手与受害者性别相同，则凶手是个律师。

(6) 如果凶手与受害者性别不同，则受害者是个医生。

经过核实，这六条口供中，只有三条是真实的。

你能推断出谁是凶手，谁是死者吗？

提示：根据陈述中的假设与结论，判定哪三条陈述组合在一起不会产生矛盾。

SHU
XUE
YU
...yui

010
009
008
007
006
005
004
003
002
001
005
004
003
002
005
004
003
002
001

第四章

拼 割 类

分割问题是指常见的一些别具特色的几何作图问题。通过图形的分割与拼合，满足题目的不同要求。这类问题趣味性强，想象空间广阔，而且一般都很巧妙，不需要很复杂的计算。但是却需要我们具有牢固的几何知识，有较强的分析问题、探索问题的能力。经常练习分割问题，对提高我们的思维能力是大有裨益的。

下面列举一个分割问题的经典题目：

请把下面图中的图形(任意三角形)分成面积相等的 4 等份。

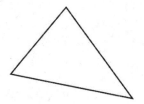

答案如下图所示：连接三边的中点即可。

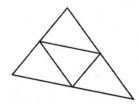

对于这种分割问题，往往在我们看到问题的时候一头雾水，不好下手，而当我们看到答案时又恍然大悟。其实，过程比结果更重要，我们一定要学会思考和解决问题的方法。

对于平分图形的问题，一般有以下技巧：

如果是实物，可以利用重心原理。把物体吊起来，平衡时画出重心所在的一条垂直线，就能把物体的质量平分。

如果是纸上的图形，一般有以下几种常用的方法：

(1) 利用平行的等底同高的性质进行等积变换。

(2) 利用全等图形进行等积变换。

(3) 利用对称性进行图形变形。

(4) 如果图形不规则，那么先要将其分割成规则图形，再进行变形。

经常做这些练习，就是为了培养数学思维。数学思维包括数学观念、数学意识、数学头脑、数学素养，准确地说是指推理意识、抽象意识、整体意识和化归意识。而培养良好的逻辑思维和严谨的推理是学好几何的关键。

对一个问题认识得越深刻，解法就越简洁。所以我们在遇到类似的问题时，要尽可能地设计出最简单、最巧妙的优质分割方案。这样，图形的创造和图形的美就会在对几何分割问题的不断探究和深化中产生。希望大家根据上面介绍的方案和技巧解答本章下面的题目。

222. 平分图形

如下图所示，你能否将这个不规则图形分成两个相同的部分？你又能否将这个图形分成 4 个相同的部分？

提示：有两种四等分的方法，其中一种不沿着方格线。

223. 二等分

如下图所示，你能将其中的图形分成大小、外形完全相同的两个小图形吗？

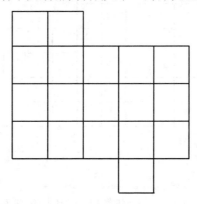

224. 连接的图形

有些图形由两个部分组成，这两个部分仅有一个点相连，这样的图形叫作连接图。如下图所示，你能否将这个多边形分割成两个相同的连接图？

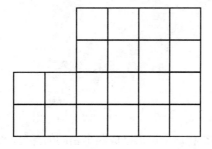

225. 三等分

如下图所示，你能将以下三个图形分成大小、外形完全相同的三个图形吗？

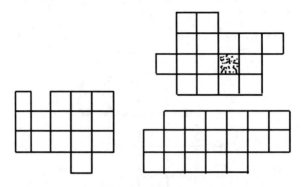

226. 平分图形

如下图所示，你能否将该不规则图形分成两个相同的部分？

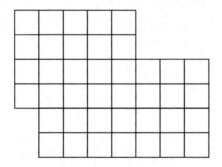

227. 分图形

这是一道经典的几何分割问题。

请将如下图所示的这个图形分成四等份，并且每等份都必须是现在图形的缩小版。

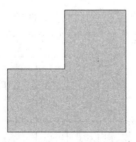

228. 四等分图形

如下图所示，雷雷必须将这个梯形分成四个相同的部分。你能告诉他该怎样做吗？

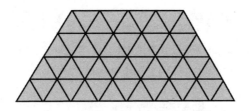

229. 四个梯形

如下图所示，这是一个梯形，请把它分成四个完全一样的，与它形状相同、面积比它小的梯形。你知道怎么分吗？

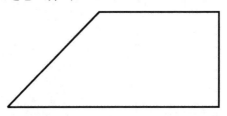

230. 分成两份

如下图所示，把其中的图形平均分成两份，要求大小和形状都一样，而且分割线只能沿着给出的线，共有几种不同的分法？(对称、镜像、旋转算同一种)

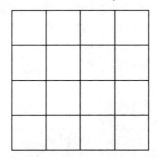

231. 四等分

如下图所示，这是一个长方形。现在要求把这个长方形四等分，你有多少种不同的方法？

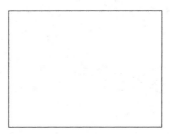

232. 如何切割拼出正方形

如下图所示，左边是 7×10 的长方形(中间的六格是空格)。如何将剩余的 64 个格切割成两个部分，使这两个部分能拼出 8×8 的正方形？

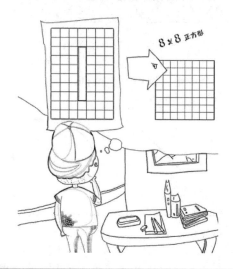

233. 丢失的正方形

如下图所示，把一张方格纸贴在纸板上，然后沿图中左边图形所示的直线切成 5 小块。当你照右图的样子把这些小块拼成正方形的时候，中间居然出现了一个洞！

我们数一下即可知道，左图的正方形是由 49 个小正方形组成的，而右图中却只有 48 个小正方形。哪个小正方形没有了？它到哪儿去了？

234. 怎么多了一块

有如下图所示的一块图形，为 8×8 的方格。现在按照图中黑线分成 4 个部分，然后按下图方式拼成一个长方形。

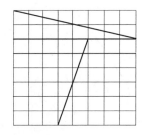

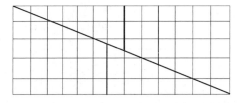

但是现在问题出现了，原来的 8×8=64 个方格，现在变成 5×13=65 个方格，为什么会多出 1 个呢？

235. 长方形变正方形

如下图所示，这个长方形的长为 16 厘米，宽为 9 厘米，你能把它剪成大小相等、形状相同的两个部分，然后拼成一个正方形吗？

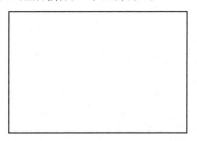

236. 切割双孔桥

如下图所示，把图中的双孔桥切割两刀，然后拼成一个正方形，你知道怎么切割吗？

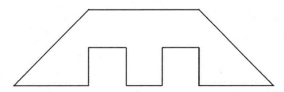

237. 拼桌面

如下图所示，有一块木板，上面是一个等腰三角形，下面是一个正方形。你能在不浪费木料的情况下，把木板拼成一个正方形的桌面吗？

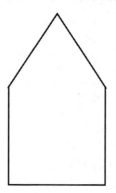

238. 裁剪地毯

小明家有一房间需要铺地毯，这个房间的地面形状是一个三边各不相等的三角形。但是当妈妈去买地毯的时候，不小心把地毯剪错了。如果把这块地毯翻过来正好可以铺在这块地面上(如下图所示)，但是大家知道，地毯是有正面和反面的。没有办法了，只好把地毯剪开，重新组合成这块地面的形状。请问，怎么裁剪这块地毯，才能使地毯正面朝上，并且裁减的块数最少呢？

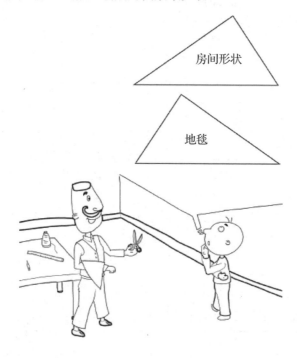

239. 表盘分割

如下图所示，有一个表的表盘，上面有 1 到 12 的数字，现在要求你将这个表盘分割成 6 个部分，使得每一个部分上的数字的和都相同，你知道怎么分吗？

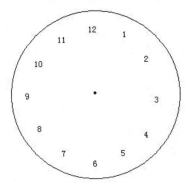

240. 切蛋糕

如下图所示，有一个长方形蛋糕，切掉了长方形的一块（大小和位置随意），你怎样才能直直地一刀下去，将剩下的蛋糕切成大小相等的两块？

241. 分月亮

如下图所示，请用两条直线把这个月亮图形分成 6 个部分，你知道该怎么分吗？

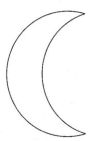

242. 幸运的切割

如下图所示，你能否只用两刀就将这个马蹄形切成六块？

243. 兄弟分家

一位老父亲死了，给两个儿子留下了一块如下图所示形状的土地，你能否将这块土地分成两个大小相等，形状也相同的两部分？

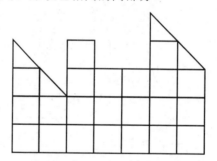

244. 分地

一个财主，家里有一块地，形状如下图所示。他有三个儿子，儿子长大后，财主决定把地分成三份给三个儿子。三个儿子关系不和，要求每个人的地不仅面积一定要一样大，形状也得相同。该怎样分呢？

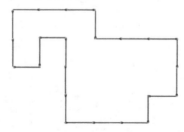

245. 分土地

一个村子有 8 户人家，位置如下图所示。现在要给每户人家平均分配这些土地，要求每家的土地形状和大小(包括房子所在的地点)都完全一样，你知道该怎么分吗？

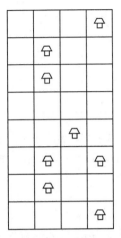

246. 四兄弟分家

在一块正方形的土地上，住了兄弟四人，刚好这块土地上有四棵大树，位置如下图所示。怎样才能把土地平均分给兄弟四人，而且每家都有一棵树呢？

247. 分遗产

有一个老员外，他有四个儿子，但是他们关系不好。老员外死了以后，四个儿子闹分家。所有值钱的东西都分完了，但有一个如下图所示的正方形菜园让他们伤透了脑筋。

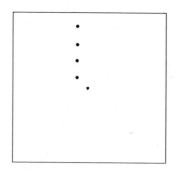

中间一点是菜园的中心，在菜园的一侧有四棵果树，四个儿子都想公平地分这个菜园。也就是说需要大小形状都完全一样，而且每个人都能分到一棵树。请问该如何分？

248. 财主分田

如下图所示，在这4幅图中，每幅图中都有5种不同的小图形，每种图形有4个。现在将这4幅图都分割成形状相同的4个部分，且这5种小图形每部分各含1个。你知道该怎么分吗？

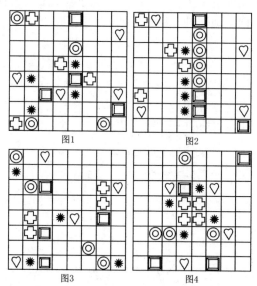

图1 图2

图3 图4

249. 修路

如下图所示，在一个院子里住了三户人家，每户人家正对着的大门是自己家的门。

原来大家都是好邻居，但是后来因为一些小事吵了起来，所以三家决定各修一条小路通向自己家的大门，但是又不与其他两家的路有交叉。你有办法做到吗？

250. 四等分

如下图所示，这是一个画有四个圆圈、四个三角形的圆形纸片，纸片的中间有个方孔。请问如何才能把这张纸片切割成大小、形状都相同的四份，而且每一份上都有一个圆圈、一个三角形。你知道该怎么做吗？

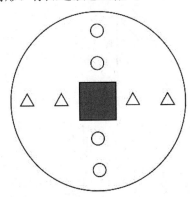

251. 平分五个圆

如下图所示，图中有五个大小相等的圆，通过其中一个圆的圆心 A 画一条直线，把这五个圆分成面积相等的两部分，你知道怎么画吗？

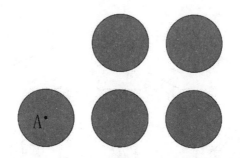

252. 拼图形

如下图所示，有两个形状相同、大小相等的图形，你能用它们拼成多少种不同形状的图案来？(必须至少有一条边相重合，且不允许重叠)

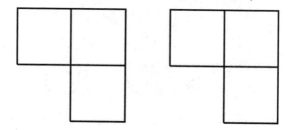

253. 七巧板(1)

七巧板我们应该都玩过，请用一套七巧板拼成比下几种图案，不能重叠也不能漏掉哪块。你会拼吗？

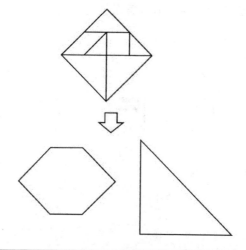

254. 七巧板(2)

七巧板我们应该都玩过，请用一套七巧板拼成以下几种图案，不能重叠也不能漏掉哪块。你会拼吗？

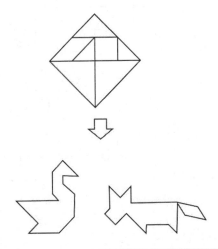

255. 拼图游戏(1)

如下图所示，有 4 种拼图，每种各 3 个，请将这 12 块拼图放在下面的格子内。使得星星所在的位置完全重合，并且同种拼图不能相邻，包括对角线相邻也不行。你知道怎么拼吗？

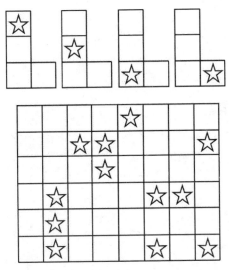

256. 拼图游戏(2)

如下图所示，有 4 种拼图，每种各 3 个，请将这 12 块拼图放在下面的格子内。使得星星所在的位置完全重合，并且同种拼图不能相邻，包括对角线相邻也不行。你知道怎么拼吗？

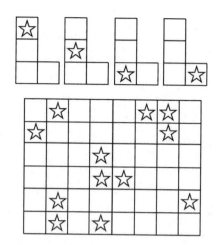

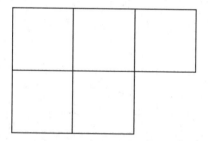

257. 拼桌面

如下图所示，这是一块缺了一块的长方形木板，现在要把它做成一个正方形的桌面。需要在上面切两刀，然后拼起来，你知道该怎么切吗？

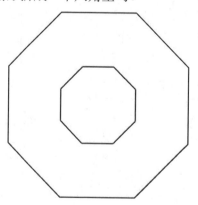

258. 八边形变八角星

如下图所示，这是两个正八边形的组合图形，你能把它分割成八个大小相同的三角形，然后用这些三角形拼成一个八角星吗？

259. 只准一刀

如下图所示，你能在这两个图形上各剪一刀，然后将它们拼成一个正方形吗？

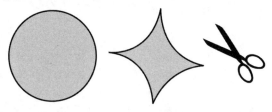

260. 残缺变完整

如下图所示，用两条直线把这个残缺的正方形切成三块，使这三块能重新拼成一个正方形。

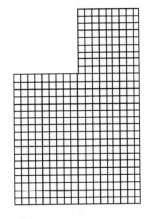

261. 拼正方形(1)

如下图所示，把这个图形切成三份，然后组合在一起拼成一个正方形，你知道怎么切吗？

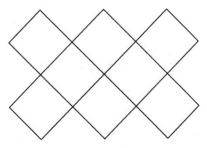

262. 拼正方形(2)

如下图所示，把这个图形切成若干份，然后组合在一起拼成一个正方形，你知道怎么切吗？

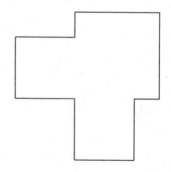

263. 拼正方形(3)

如下图所示，把这个图形用四刀切成九份，然后组合在一起拼成一个正方形，你知道怎么切吗？

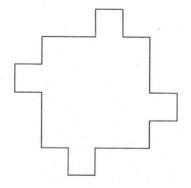

264. 一变二

如下图所示，把这个中空的正方形分割成五份，再组合起来，最后形成两个大小相等、样子相同的小中空正方形。你知道该怎么分割吗？

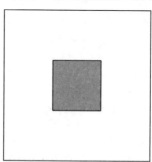

265. 多米诺骨牌

如下图所示，把这是一个不规则的网格图，现在要求你用 1×2 的多米诺骨牌把这些网格覆盖满，你知道怎么覆盖吗？

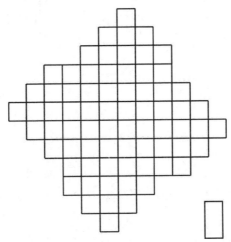

266. 四等分图形

如下图所示，你能将这个图形分割成四个相同的部分吗？

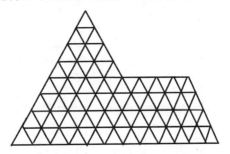

267. 三等分

如下图所示，要把这个图形三等分，你知道怎么才能做到吗？

268. 等分方孔图

如下图所示，要将这个图形分为大小和形状均相同的六等份，你知道怎么做吗？

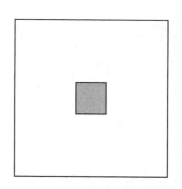

269. 一变六

现在有一个正方形纸板,如何将它剪成六个小正方形而没有剩余(六个小正方形不需要同样大小)?

270. 有趣的十字架(1)

下图是一个十字架,请将十字架图形分成四块,并用它们拼成一个正方形。

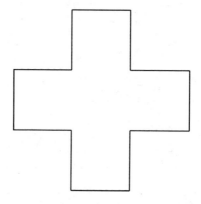

271. 有趣的十字架(2)

下图是一个十字架,请将十字架图形分成四块,并用它们拼成一个菱形。

272. 有趣的十字架(3)

下图是一个十字架，请将十字架图形分成三块，并用它们拼成一个长方形，并且长是宽的两倍。

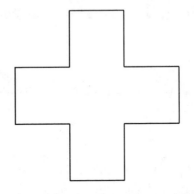

273. 图形构成

如下图所示，A、B、C、D 分别是由 1～4 中某个图形组成的。请你说出 A、B、C、D 分别是由哪些图形组成的？

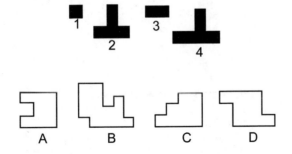

274. 巧分四块

如下图所示，这个图形是 24 根火柴摆成的。试一试，移动其中的 2 根火柴，使它变成 4 个形状相同，面积也一样的图形。

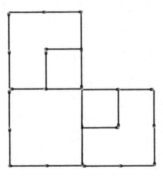

275. 拼五角星

如下图所示，这里有六个直角三角形，你能用它们拼成一个五角星吗？

276. 三等分

如下图所示，这是由 12 根火柴拼成的直角三角形，三边分别是 3、4、5。你能用 4 根火柴把这个三角形分成面积相等的三部分吗？(不要求形状相同)

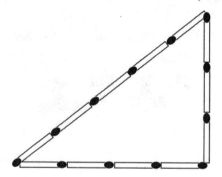

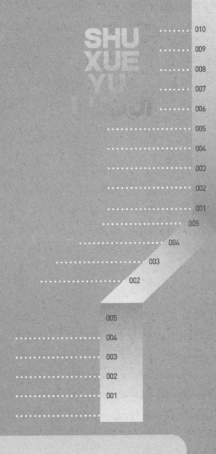

第五章

归 纳 类

归纳思维法，又叫归纳推理或归纳法，是论证的前提支持结论，但不确保结论的推理过程。人的行动很大一部分是建立在归纳推理之上的。归纳推理从少数观测的事例中概括出普遍性的命题。

归纳法不是一种严密的论证方法，因为只要有一个特例也就推翻了前面的结论。

我们可设想一下：主人每天给猪喂食，当猪看到主人走来时，意味着送来了食物，然而猪不能必然性地得出，主人走来必然给它喂食物。因为，很有可能主人是拎着刀来杀它的。这就是归纳法的局限。

古希腊哲学家亚里士多德确定了归纳推理的三段论推理形式：

前提一：张三要死。

前提二：李四要死。

结论：所有人都要死。

又如：

前提一：蛇是用肺呼吸的。

前提二：鳄鱼是用肺呼吸的。

结论：所有的爬行动物都是用肺呼吸的。

这种由个别性的真的现象或前提推导出普遍性的结论就是归纳推理。这就涉及社会行动的本质问题。

首先，决定行动者行动的前提是真的吗？例如"如果天下雨，我将带伞"是真的吗？

对于这个命题，其真值取决于"天下雨"与"我带伞"两个命题的值的组合。当"天下雨，我没有带伞"，此时命题就是假的，然而"天下雨"与"我带伞"之间的联系是由行动者"我"来规定的。因此我们可以说，前提真是"规定的真"。

当然，这里的"规定的真"不是没有理由的，它是由行动者的理性与行动结构所决定的。

位置分析法就是通过分析不同位置的数字之间的联系来得到数字之间规律的方法。

这种方法主要应用于图形形式的数字推理中。

一般原则：

(1) 简单圆圈形式的数字推理优先考虑相邻位置间的运算关系，如果没有找到合适的规律，就寻找对角线之间的运算关系。

(2) 复杂圆圈形式的数字推理考虑四周数字与中心数字之间的关系。

(3) 表格形式的数字推理首先考虑行间或者列间的数字运算规律，如果不行，就考虑表格整体是否存在有效的规律。

(4) 三角形式的数字推理与复杂圆圈形式的数字推理类似，考虑三个角上的数字与中心数字之间的规律。

例1 你能看出最后一个三角形的右下角问号处应该是什么数字吗?

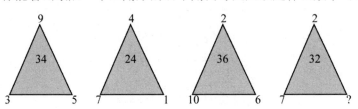

解答:

每个三角形的数字排列规律是:三角的三个数相加,再乘以2,即为中间的数。问号处的数应该是:$32÷2-(2+7)=7$。

上面我们列出了归纳法的相关内容及原则,希望大家掌握并举一反三,解答本章下面的题目。

277. 冰雹数列

随便想一个数。如果它是奇数,就把它乘以3再加1。如果它是偶数,就把它除以2。对每一个新产生的数都运用这个规则。你知道会发生什么情况吗?

让我们从1开始,你将得到:1、4、2、1、4、2、1、4、2……

从2开始,你将得到:2、1、4、2、1、4、2、1、4……

从3开始,你将得到:3、10、5、16、8、4、2、1、4、2、1……

很快你就会发现上述数列最终都会以1、4、2循环下去。是不是从任何一个数开始都会有这种性质呢?你可以用7试试。

278. 小房间

有一个小房间里有 n 个人,规则是,每次可以从房间里走出三分之二的人,然后再进去2个人,这算一次。经过12032次之后,房间里还有3个人。那么,你知道在最开始,房间有多少人吗?

279. 数字对调,乘积不变

(1) 观察下列两个等式有何规律?

①$12×42=21×24$　②$13×62=31×26$

(2) 利用你所发现的规律,再写出三个类似的等式(两数皆为两位数)!

(3) 若两数皆为两位数,请说明满足此规律的等式条件,并列出所有满足此规律的等式!

280. 箭头方向

下图中的方格里丢失了两个箭头,请根据已有的内容把它们补齐。

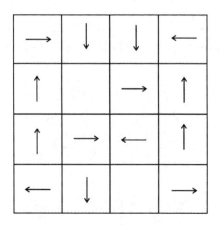

281. 三角数

根据勾股定理,如果两个数的平方和正好等于第三个数的平方,那么这样的三个数叫作三角数。下面有一些三角数:

$3^2+4^2=5^2$。

$5^2+12^2=13^2$。

$7^2+24^2=25^2$。

$9^2+40^2=41^2$。

$11^2+60^2=61^2$。

$13^2+84^2=85^2$。

......

根据这个规律,你能推出下一组三角数是什么吗?

282. 相同与不同

下面A、B、C、D、E五幅图中,哪一幅是与众不同的?

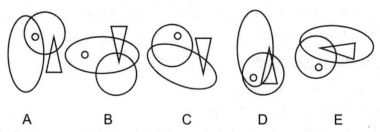

A   B   C   D   E

283. 找不同

下面A、B、C、D、E五幅图中,哪一幅是与众不同的?

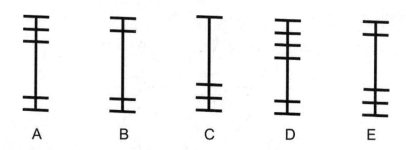

284. 下一个图形

按照给出的三个图形的规律，从 A、B、C、D 中找出下一个符合规律的图形。

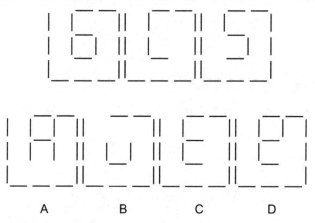

285. "工"形图

下面这些"工"形图中的数字有个特定的规律，请根据前两个图形，确定第三幅图中问号处应该是什么数字？

3	5	8
	4	
3	4	5

5	1	7
	5	
2	1	5

5	8	9
	?	
1	7	6

286. 放射的字母

根据下面图中的字母之间的关系，请问在问号处应该是什么字母？

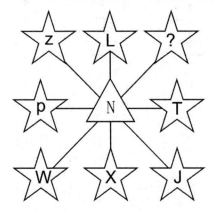

287. 规律不同

仔细观察下图，找出一个与其他图形的规律不同的图形。你知道是哪个吗？

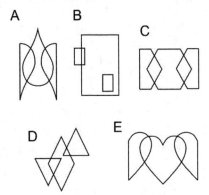

288. 变化的规律

仔细观察下图，根据给出图形的变化规律，第三幅图应该变成什么样子？

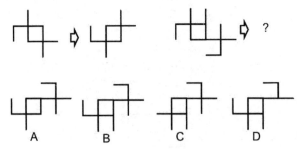

289. 缺失的字母

请观察下面字母的规律，请问在问号处应该是什么字母？

290. 问号处是多少

仔细观察下面图形中数字之间的规律，你知道问号处应该填入的数字是多少吗？

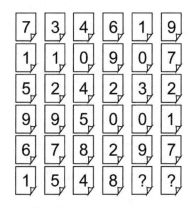

291. 补充完整

从 A、B、C、D 中选择一项，把下图中间位置的方格处补充完整，使其符合其他图形之间的规律。

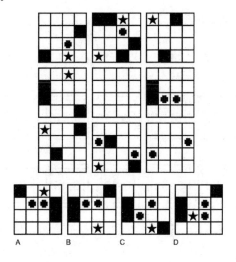

292. 变化规律(1)

仔细观察下图中给出的两个图形的变化规律，从 A、B、C、D、E 中选出一项符合其规律的图形。

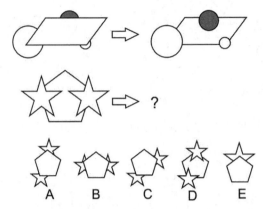

293. 变化规律(2)

仔细观察下图，按照给出图形的规律，问号处应该填入 A、B、C、D 中的哪一个图形？

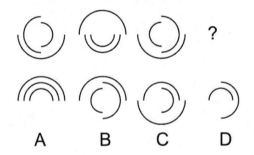

294. 数字时钟

请观察下面数字时钟显示的时间，从 A、B、C、D、E 中选出空白处应该填入的选项。你知道是哪个吗？

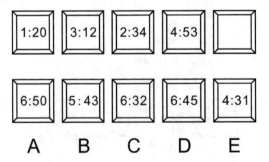

295. 什么规律

观察下图中的前三个图形，找出它们的规律，问号处应该填入哪个图形？

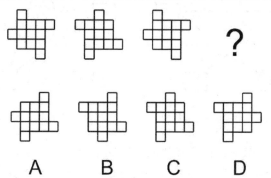

296. 铺人行道

下图是用来铺人行道的正六边形地砖。按照图中的要求拼接，下一个图形中白色地砖会用到多少个？

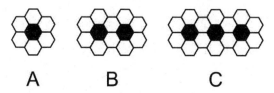

297. 三角处的圆圈

下图中每个三角形的三个角处都有一个圆圈。根据前三个图形的规律，请问，最后一个三角形右下角问号处应该填什么样的圆圈？

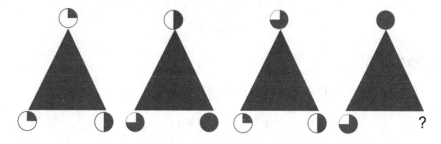

298. 五角星的数

找出下图中问号所代表的数。

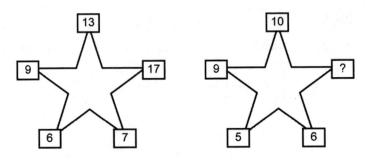

299. 分割圆环

下图中最后一个被分割的圆环里的问号处应该填什么数？

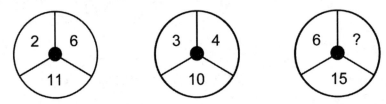

300. 罗盘推数

根据下图的规律，请算出"？"处代表什么数字？

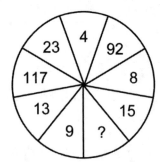

301. 补充数字

按下图中数字的变化规律，问号处应该填什么数？

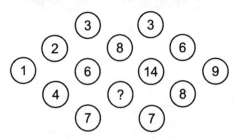

302. 数字箭靶

如下图所示的箭靶上有一些数字，根据变化规律，写出空格中的数。

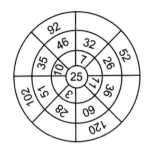

303. 圆环上的数字

根据下图给出的各个数字之间的逻辑关系，从 A、B、C、D、E、F 中选择一个正确答案填入问号处。

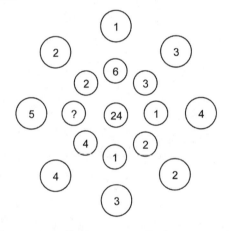

A. 8　　　　　B. 3　　　　　C. 6　　　　　D. 1　　　　　E. 5　　　　　F. 2

304. 数字填空

按照下图中数字的排列规则，问号处应该填什么数字？

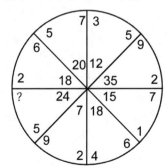

305. 数字之谜

如下图所示，在最后一个五角星中的问号处应该填什么数字？

306. 缺少的数字

想一想，下面题目中缺少的数字是几？

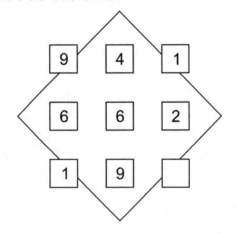

307. 数字圆圈

下图圆圈中的数字都是有规律的，请找出其中的规律，并确定问号处应该填几？

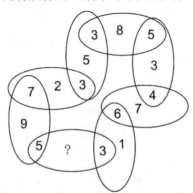

308. 找规律

仔细观察下图的规律，请问在问号处应该填什么字母？

7	QRG	6
13	CIN	2
8	DO?	4

309. 排列数字

请把 1～14 这些个数字填入到下面的空格中，要求相邻的两个数字不能连续，也不能整除(1 除外)。你知道该怎么填吗？

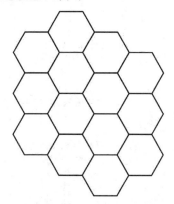

310. 方向之谜

根据下图中给出图形的规律，确定问号处应该选择哪个图形？

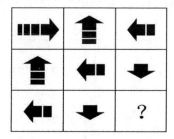

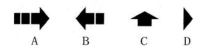

A　　　B　　　C　　　D

311. 笑脸

仔细观察这些笑脸的位置,请问按照这个变化规律,下一个笑脸应该是四个选项中的哪个?

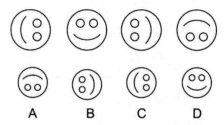

A   B   C   D

312. 逻辑关系

找出下图排列的逻辑关系,写出问号处所代表的字母。

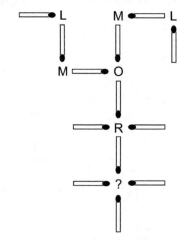

313. 数字规律

仔细观察下图中的两组数字,分别找出一个不符合该组规律的数字。你知道它们是几吗?

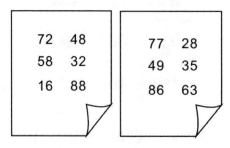

72	48
58	32
16	88

77	28
49	35
86	63

314. 月历的密码

下面是一个月历。上面同一列中相邻的三个数字之间存在某个特定的规律。也就是说如果知道这三个数中间的那个数字，就能马上算出这三个数字的和。你知道这个规律是什么吗？

日	一	二	三	四	五	六
				1	2	3
4	5	6	7	8	9	10
11	12	13	14	15	16	17
18	19	20	21	22	23	24
25	26	27	28	29	30	31

315. 太阳光

下图中外圈的数字间存在一定的规律，你能根据这个规律写出问号代表的数字吗？

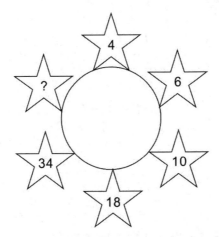

316. 数字与图形

下图中的数字与图形之间存在某种关系，你能找出来吗？问号处应该填几？

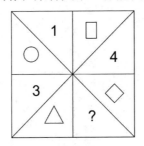

317. 寻找公式

下图五角星中的数字是由旁边的三个数字和一个特定的公式计算出来的结果。你能根据给出的数字，找出这个公式来吗？

318. 数字关系

下图最上面的数字与其他四个数字之间有某种内在关系。你能通过计算确认这种关系，并得出问号处应该是什么吗？

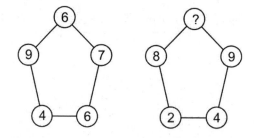

319. 数字规律

下图给出了一排数字，它们之间是有规律的，请根据已知的数字，确认问号处的数字应该是几？

320. 树冠上的数字(1)

如下图所示，这是一棵大树，请根据给出的数字之间的规律，把树冠顶端问号处的数字写出来。

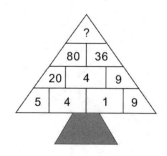

321. 树冠上的数字(2)

如下图所示，这是一棵大树，请根据给出的数字之间的规律，把树冠顶端问号处的数字写出来。

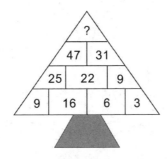

322. 奇怪的关系

请根据下图给出的数字之间的关系，从 A、B、C、D 中确定问号处应该是什么数字？

15	2
4	5

75	10
1	26

40	?
7	18

A.10　　B.21　　C.3　　D.7

323. 奇怪的等式

如下图所示，根据给出图形与等式的关系，填好下面的空白圆圈。你知道该怎么填吗？

1=3
2=7
3=7
4=5

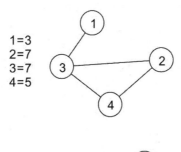

1=14
2=6
3=10
4=4
5=6

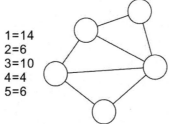

324. 几点钟

如下图所示，请按照前面三个钟表指针的位置，确定第四个钟表的指针位置。

325. 分针的位置

请按照前面三个钟表指针的位置，确定第四个钟表的分针的位置。

326. 数字规律

根据下图前两个图形中数字的规律，你能确定第三幅图中问号处应该是几吗？

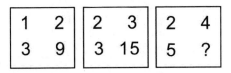

327. 时钟密码

如下图所示，先看一看 A 和 B 两时钟所组成的算式，然后根据规律计算一下 C 算式的结果是多少？

328. 两数之差的三角形

如下图所示，请把所给的数字根据两条简单的规则插入到三角形状的阵列中：一条规则是每个数字只能出现一次，另一条是每个数字必须是它正上方两个数字的差。比如，相邻两个数分别是 6 和 4，它们下面的数字就必须是 2。

最小的三角形已经填了从 1 到 3 的数字。你能否给接下来的三角形分别填上从 1~6、1~10 和 1~15 的数字，使其符合前面的规则？

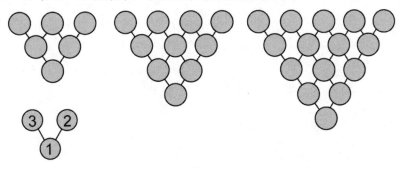

第六章

推 理 类

数字推理的题目，一般通过一个有着某种规律的数列，但缺少其中一项，要求我们仔细观察这个数列中各数字之间的关系，找出其中的规律，然后补全它。

方法一：运算关系分析

1. 作和法

作和法就是依次作出连续两项或者三项的和，由此得到一个新的、有特殊规律的数列。通过新数列，推知原数列的规律。

例 1 请根据给出的数字之间的规律，填写空缺处的数字。

1，1，2，3，4，7，（   ）

A. 6   B. 8   C. 9   D. 10

解答： 题目中的数字都很小，因此考虑作和法。

1+1=2

1+2=3

2+3=5

3+4=7

4+7=11

……

正好是质数列，下一个质数应该是 13，所以空缺处的数字为 6。答案为 A。

2. 作差法

作差法是对原数列相邻两项依次作差，由此得到一个新的、有特殊规律的数列。通过新数列，推知原数列的规律。

例 2 请根据给出数字之间的规律，填写空缺处的数字。

52，57，66，79，96，（   ）

A. 111   B. 117   C. 121   D. 127

解答： 相邻两项依次作差，得到：

57−52=5

66−57=9

79−66=13

96−79=17

……

为公差为 4 的等差数列。所以答案为 B。

3. 作积法

作积法是计算出数列相邻两项的积，探寻出其与数列各数字之间的关系，从而确定整个数列的规律。

例3 请根据给出数字之间的规律，填写空缺处的数字。

1，7，7，9，3，（   ）

A. 1　　　　　　　B. 7　　　　　　　C. 2　　　　　　　D. 3

解答： 此题的规律为前两项相乘后，取其个位数即为第三项。所以答案为B。

4. 作商法

作商法是对原数列相邻两项依次作商，由此得到一个新的、有特殊规律的数列。通过新数列，推知原数列的规律。

例4 请根据给出数字之间的规律，填写空缺处的数字。

4，6，12，30，90，（   ）

A. 120　　　　　　B. 175　　　　　　C. 230　　　　　　D. 315

解答： 相邻两个数依次作商，得到：

6÷4=1.5

12÷6=2

30÷12=2.5

90÷30=3

……

为等差数列。下一项应为90×3.5=315，所以选D。

5. 转化法

转化法是将数列前面的项按照某一特定的规律进行转化，从而得到后面的项，使整个数列的每一项都有此规律。

例5 请根据给出数字之间的规律，填写空缺处的数字。

1，3，8，19，42，（   ）

A. 78　　　　　　　B. 89　　　　　　　C. 90　　　　　　　D. 115

解答： 在其他思路行不通时可以考虑转化法。

1×2+1=3

3×2+2=8

8×2+3=19

19×2+4=42

所以结果为42×2+5=89，答案为B。

6. 拆分法

拆分法就是把数列的每一项都拆分成两部分，这两部分分别有一个特定的规律。

例6 请根据给出数字之间的规律，填写空缺处的数字。

2，9，25，49，99，（   ）

A. 133 　　　　　 B. 143 　　　　　 C. 153 　　　　　 D. 163

解答： 将数列的每一项进行拆分：

2=1×2

9=3×3

25=5×5

49=7×7

99=9×11

……

第一部分为奇数数列，第二部分为质数数列，下一项应该为 11×13=143。

所以答案为 B。

方法二：数项特征分析

一个数列的数项特征一般有以下几种。

1. 整除性

整除性是指一个整数可以被某些整数整除。每个正整数除了可以被 1 和它本身整除以外，它的约数越多，整除性就越好。

常用的整除规则如下。

(1) 所有偶数都可以被 2 整除。

(2) 各位数字之和能被 3 整除的数能被 3 整除。

(3) 个位数字为 0 或 5 的数字可以被 5 整除。

(4) 能同时被 2 和 3 整除的数也能被 6 整除。

(5) 各位数字之和能被 9 整除的数能被 9 整除。

例 7 请根据给出数字之间的规律，填写空缺处的数字。

1, 6, 20, 56, 144, (　　　)

A. 256 　　　　　 B. 278 　　　　　 C. 352 　　　　　 D. 360

解答： 除了第一项的 1 外，其他的各项都有很好的整除性，所以本题考虑将各项拆分。1 只能拆分成 1×1，6 拆分成 2×3，20 拆分成 4×5，56 拆分成 8×7，144 拆分成 16×9。从中可以看出拆分后第一个乘数分别是 1, 2, 4, 8, 16, …；第二个乘数为 1, 3, 5, 7, 9, …

前者是等比数列，后者是等差数列。所以空缺处应该为 32×11=352。

故答案为 C。

2. 质数与合数

质数除了 1 和它本身外没有其他约数，合数除了 1 和它本身还有其他约数。根据这个特点，即可把整数进行区分。注意：1 既不是质数也不是合数；除了 2 以外，所有的质数都是奇数。

对于常用的质数，我们最好能把它们记住，这对类似题目的运算有很大帮助。

100 以内的质数：2, 3, 5, 7, 11, 13, 17, 19, 23, 29, 31, 37, 41, 43, 47, 53, 59, 61, 67, 71, 73, 79, 83, 89, 97。

例 8　请根据给出数字之间的规律，填写空缺处的数字。

2, 4, 7, 12, 19, (　　)

A. 21　　　　　　　　B. 27　　　　　　　　C. 30　　　　　　　　D. 41

解答：计算相邻两个数之差，我们会发现分别为 2, 3, 5, 7, …为质数数列，所以下一个数字应该是 19+11=30。

因此答案是 C。

3. 多次方数

通常我们把可以写成一个整数的整数次幂的数称为多次方数。

对于一些常用的多次方数，最好能把它们记住，这对类似题目的运算有很大帮助。

常用自然数的多次方数如下：

底数	2 次方	3 次方	4 次方	5 次方	6 次方	7 次方	8 次方	9 次方	10 次方
2	4	8	16	32	64	128	256	512	1024
3	9	27	81	243	729	2187	6561		
4	16	64	256	1024	4096				
5	25	125	625	3125					
6	36	216	1296	7776					
7	49	343	2401						
8	64	512	4096						
9	81	729	6561						

例 9　请根据给出数字之间的规律，填写空缺处的数字。

1, 0, 9, 16, (　　), 48

A. 25　　　　　　　　B. 30　　　　　　　　C. 33　　　　　　　　D. 36

解答：把相邻的两个数字相加，我们会发现结果为：1, 9, 25, …即为 1, 3, 5 的平方数。所以下一个数字应该是 33，这样才可以构成 7 和 9 的平方。

所以答案为 C。

4. 数位特征法

数位特征是指一个较大的多位数，各个数位上的数字之间的关系。

简单地说，就是把一个多位数看成是几个数字的组合。这种方法适用于数字数位较多的数列。

例 10　请根据给出数字之间的规律，填写空缺处的数字。

5847, 4536, 2720, 2419, 1209, (　　　)

A. 1009　　　　　　　B. 2178　　　　　　　C. 1135　　　　　　　D. 560

解答：给出的数字的数位较多，而且没有显著的规律，故考虑数位特征法。把每个四位数的前两位数和后两位数分别看成一个数字，相减。分别得到：11, 9, 7, 5, 3, …为等差数列，则下一个差为 1。只有 1009 符合要求。所以答案是 A。

上面我们列出了运算关系分析和数项特征分析的相关方法，希望大家掌握并举一反三，解答本章下面的题目。

329. 数字找规律(1)

请从逻辑的角度，在后面的空格中填入后续字母或数字。

1, 3, 6, 10, _____

330. 数字找规律(2)

请从逻辑的角度，在后面的空格中填入后续字母或数字。

1, 1, 2, 3, 5, _____

331. 数字找规律(3)

请从逻辑的角度，在后面的空格中填入后续字母或数字。

21, 20, 18, 15, 11, _____

332. 数字找规律(4)

请从逻辑的角度，在后面的空格中填入后续字母或数字。

8, 6, 7, 5, 6, 4, _____

333. 数字找规律(5)

请从逻辑的角度，在后面的空格中填入后续字母或数字。

65536, 256, 16, _____

334. 数字找规律(6)

请从逻辑的角度，在后面的空格中填入后续字母或数字。

1, 0, -1, 0, _____

335. 数字找规律(7)

请从逻辑的角度，在后面的空格中填入后续字母或数字。

3968, 63, 8, 3, _____

336. 智力测验(1)

在许多职场考试中有不少类似于下面的智力测验。每一项智力测试都与数学逻

辑思维有关。请在下面数列的行末填上空缺的数字。2, 5, 8, 11, _____

337. 智力测验(2)

请在下面数列的行末填上空缺的数字。

7, 10, 9, 12, 11, _____

338. 智力测验(3)

请在下面数列的行末填上空缺的数字。

2, 7, 24, 77, _____

339. 猜数字

下列数字中，127 后面的数字应该是多少？

7, 19, 37, 61, 91, 127, ?

340. 填数字(1)

按照给出的数字之间的规律，空格处应该填几？

0, 7, 26, 63, _____

341. 填数字(2)

请从逻辑的角度，在后面的空格中填入后续数字。

1, 2, 6, 24, 120, _____

342. 填数字(3)

请从逻辑的角度，在后面的空格中填入后续数字。

30, 32, 35, 36, 40, _____

343. 填数字(4)

请从逻辑的角度，在后面的空格中填入后续数字。

1, 2, 2, 4, 8, _____, 256

344. 填数字(5)

请从逻辑的角度，在后面的空格中填入后续数字。

1, 10, 3, 5, _____, 0

345. 填数字(6)

按照给出数字的规律，横线处应该填几？

1, 2, 2, 4, 8, _____

346. 填数字(7)

按照给出数字的规律，横线处应该填几？

1, 2, 5, 29, _____

347. 填数字(8)

请从逻辑的角度，在后面的空格中填入后续数字。

0, 1, 3, _____, 10, 11, 13, 18

348. 有名的数列(1)

你知道问号处代表的数字是什么吗？

1, 1, 2, 3, 5, 8, 13, 21, ?

349. 有名的数列(2)

你能推出问号代表什么数字吗？

1, 3, 4, 7, 11, 18, 29, ?

350. 天才测验(1)

按照给出数字的规律，填上所缺数字。

3/5, 7/20, 13/51, 21/104, ?

351. 天才测验(2)

按照给出数字的规律，填上所缺数字。

118, 199, 226, 235, ?

352. 天才测验(3)

按照给出数字的规律，填上所缺数字。

7, 10, ? , 94, 463

353. 天才测验(4)

按照给出数字的规律，填上所缺数字。

0, 2, 8, 18, ?

354. 天才测验(5)

按照给出数字的规律，填上所缺数字。

260, 216, 128, 108, 62, 54, ? , 27

355. 天才测验(6)

按照给出数字的规律，填上所缺数字。

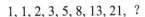

1, 1, 2, 3, 5, 8, 13, 21, ？

356. 天才测验(7)

按照给出数字的规律，填上所缺数字。

2, 20, 42, 68, ？

357. 天才测验(8)

按照给出数字的规律，填上所缺数字。

8, 24, 12, ？, 18, 54

358. 天才测验(9)

按照给出数字的规律，填上所缺数字。

7/2, 4, 7, 14, 49, ？

359. 天才测验(10)

按照给出数字的规律，填上所缺数字。

8, 10, 16, 34, ？

360. 下一个数字是什么

125, 77, 49, 29, ？
请问在问号处应是什么数字？

361. 寻找数字规律

你知道问号代表的数字是什么吗？
0、2、4、8、12、18、24、32、40、？

362. 字母旁的数字

根据给出的各组字母与数字间的联系，请问字母 W 旁的问号该是多少呢？
G7　M13　U21　J10　W？

363. 猜字母

按照图中字母排列的逻辑，问号处该填哪一个字母？

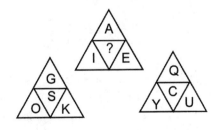

364. 数字找规律

下面给出一组数字，请找出它们之间的规律，确定下一个数字是什么。

1, 12, 1, 1, 1, 2, 1, …

365. 数字规律

下面给出了一排数字，它们之间是有规律的，请根据已知的数字，确定问号处的数字应该是几。

366. 找规律

下图中的数字从左上角顺时针方向存在某种规律，请找出来，并确定问号处应该填几。

(1)

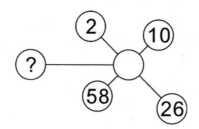

(2)

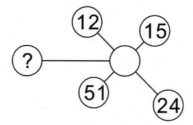

(3)

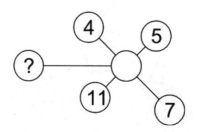

367. 树枝

仔细观察下面数字之间的规律，确定问号处应该是什么数字。

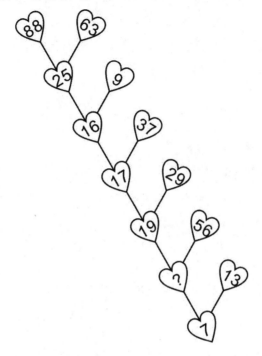

368. 猜字母(1)

按照给出字母的规律，在问号处应该填什么？

O、T、T、F、F、S、S、E、？

369. 猜字母(2)

按照给出字母的规律，在问号处应该填什么？

J、F、M、A、M、？

370. 猜字母(3)

按照给出字母的规律，在问号处应该填什么？

F、G、H、J、K、？

371. 猜字母(4)

按照给出字母的规律，在问号处应该填什么？

Q、W、E、R、T、？

372. 字母找规律

请从逻辑的角度，在后面的空格中填入后续字母或数字。

A、D、G、J、_____

373. 智力测验

请在行末填上空缺的数字。

E、H、L、O、S、_____

374. 填字

M、T、W、T、F、? 、?

375. 缺的是什么字母

J、F、M、A、? 、? 、J、A、S、? 、? 、D

376. 倒金字塔

写出问号所代表的数。

$$1\ 9\ 4\ 8\ 3\ 7\ 2\ 6\ 5$$
$$5\ 6\ 2\ 7\ 3\ 8\ 4$$
$$4\ 3\ 7\ 6\ 5$$
$$5\ 6\ 4$$
$$?$$

377. 奇怪的规律

下面有一组数列，请找出它的规律来。

第一列：1

第二列：1，1

第三列：2，1

第四列：1，2，1，1

第五列：1，1，1，2，2，1

第六列：3，1，2，2，1，1

第七列：1，3，1，1，2，2，2，1

……

……

请写出第八列和第九列分别是哪些数字。另外请说明第几列会最先出现4这个数字。

378. 复杂的表格

下图是一些数字组成的表格，问号代表什么数？

2　9　6　24
4　4　3　19
5　4　4　24
3　7　1　?

379. 寻找规律

下面表格中问号代表什么数？

2	4	10
3	7	18
2	9	?

380. 缺少的数字

先分析一下面数字的排列有什么规律，然后依规律填出问号处缺失的数字。

4　5　3　4　8
9　8　8　8　8
8　4　9　3　5
7　3　6　?　9

381. 按键密码

下面有三行数字，每行有八位，根据前两行数字之间的规律，请写出问号分别代表什么数字。

55673685
92171564
2689????

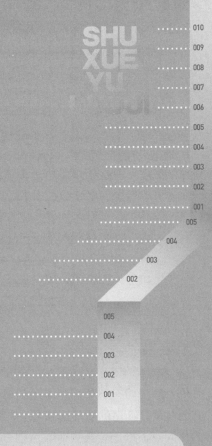

第七章

图 形 类

图形推理是指通过给出的若干个图形之间的规律,从给出的选项中找出一个符合其规律的图形。

方法一: 特征分析法

特征分析法是从题目中的典型图形、构成图形的典型元素出发,大致确定图形推理规律的范围,再结合其他图形和选项确定图形推理规律的分析方法。

一般常用的图形特征有:封闭性、对称性、直曲性、结构特征等。

例 1 根据下面所给图形的变化规律,下一个图形应该是哪个?

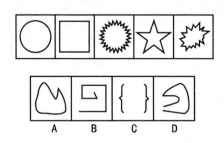

解答:

选择 A。只有 A 和给出的图形规律相同,即是闭合的图形。

方法二: 求同分析法

有的时候,给出的图形形状各异,没有什么明显规律,此时可以通过寻找这组图形的相同点,来确定其规律,这种方法叫求同分析法。

例 2 下面给的四个选项中,哪一个图形与所给图形是同一类的?

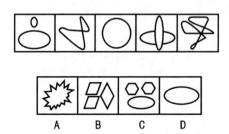

解答:选择 D。上图五个图案看不出什么变化的规律,但都是由曲线组成的,只有 D 是完全由曲线构成,其他的图形中都含有直线。

方法三: 对比分析法

当题目中所给的一组图形在构成上有很多相似点,但通过求同分析法无法解决问题时,可以通过对比分析,寻找图形间的细微差别来解决问题。

例 3 根据下面所给图形的变化规律,下一个图形应该是哪个?

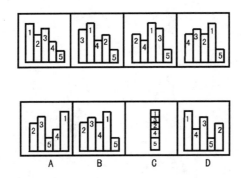

解答：

选择 C。所有的图形都是由标号 1～5 的五个竖条组成。规律为每根竖条按照它上面所标的数字来移动，标"1"的每次向右移动 1 格，标"2"的每次向右移动 2 格……。向右移出范围了就从左边出现。这样第 4 次移动后，所有的竖条都出现在第 5 条的位置，也就是 C 选项。

方法四：位置分析法

位置分析法是根据组成图形的不同小图形间的相对位置的变化，或者同一个图形的位置、角度变化，找出特定的规律的方法。

一般通过移动、旋转、翻转等方式形成图形的位置变化。

例 4 根据下面所给图形的变化规律，问号处应该填什么图形？

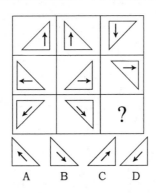

解答： 选择 C。每一行都有这样的规律：第一个图案左右翻转得到第二个图案；第二个图案上下翻转得到第三个图案。

方法五：综合分析法

大多数图形推理题目都不是通过单一方法可以解决的，需要综合运用不同推理方法，只有这样才能应对所有的图形推理题目。

例 5 从选项中找出一个图形填在题目中的问号处，使所给的九个图形符合某一特定的规律。

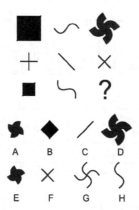

解答：选择 E。第一行的正方形经过扭曲变换成风车状；第二行中，加号经过倾斜变成乘号；第三行的小正方形经过扭曲和倾斜两种变换，得到的就是所要的图形。

上面我们介绍了特征分析法、求同分析法、对比分析法、位置分析法、综合分析法等方法，希望大家掌握并举一反三，解答本章下面的题目。

382. 方块拼图

根据下面所给图形的变化规律，问号处应该填什么图形？

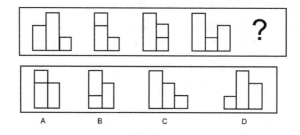

383. 两个方块

从选项中找出一个图形填在题目中的问号处，使所给的九个图形符合某一特定的规律。

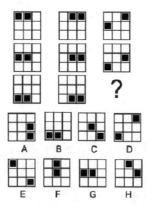

384. 三叶草

从选项中找出一个图形填在题目中的问号处，使所给的九个图形符合某一特定的规律。

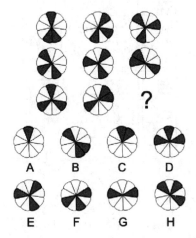

385. 放大与缩小

根据下面所给图形的变化规律，下一幅图形应该是哪个？

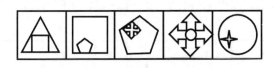

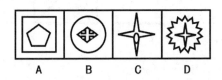

386. 螺旋曲线

根据下面所给图形的变化规律，下面哪一个图形与所给图形是同一类？

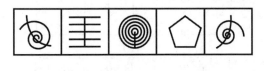

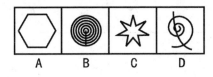

387. 三色方格

根据下面所给图形的变化规律，下一幅图形应该是哪个？

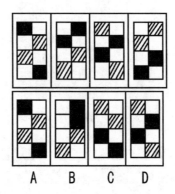

388. 折线

根据下面所给图形的变化规律，下一个位置应该填什么图形？

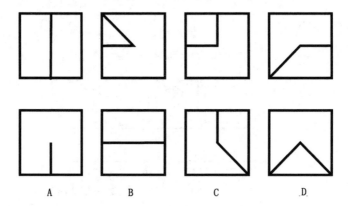

389. 箭头规律

根据下面所给图形的变化规律，下一幅图形应该是哪个？

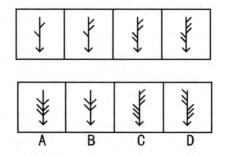

390. 钉木板

根据下面所给图形的变化规律，下一幅图应该是什么样子的？

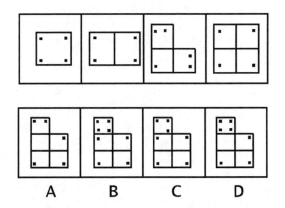

391. 三角和圆圈

根据下面所给图形的变化规律，下一幅图应该是什么样子的？

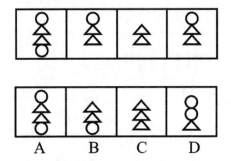

392. 砖头

根据下面所给图形的变化规律，下一幅图应该是什么样子的？

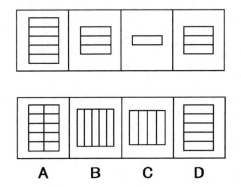

393. 直线三角圆圈

根据下面所给图形的变化规律，下一幅图形应该是哪个？

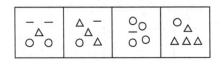

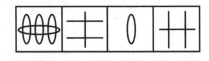

A　　B　　C　　D

394. 直线与椭圆

根据下面所给图形的变化规律，下一幅图形应该是哪个？

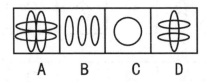

A　　B　　C　　D

395. 构成元素

根据下面所给图形的变化规律，下一幅图形应该是哪个？

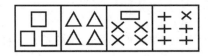

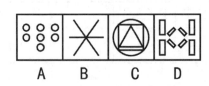

A　　B　　C　　D

396. 小图标

根据下面所给图形的变化规律，下一幅图形应该是哪个？

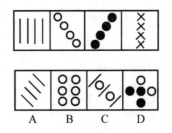

397. 斜线

根据下面所给图形的变化规律，下一幅图形应该是哪个？

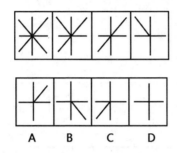

398. 圆点

根据下面所给图形的变化规律，下一幅图形应该是哪个？

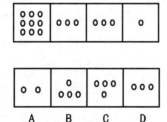

399. 圆与方块

根据下面所给图形的变化规律，下一幅图形应该是哪个？

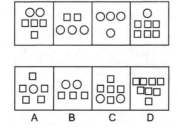

400. 直线与黑点

根据下面所给图形的变化规律，下一幅图形应该是哪个？

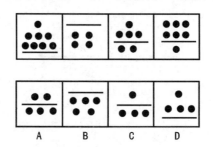

401. 阳春白雪

根据下面所给图形的变化规律，下一幅图形应该是哪个？

402. 黑白方格

根据下面所给图形的变化规律，下一幅图形应该是哪个？

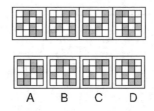

403. 上下平衡

根据下面所给图形的变化规律，下一幅图形应该是哪个？

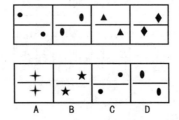

404. 准星

从选项中找出一个图形填在题目中的问号处，使所给的九个图形符合某一特定的规律。

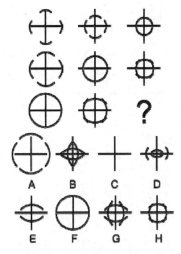

405. 雪花

根据下面所给图形的变化规律，下一幅图形应该是哪个？

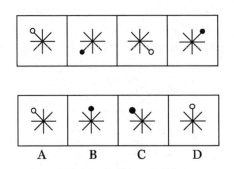

406. 双色板

根据下面所给图形的变化规律，下一幅图形应该是哪个？

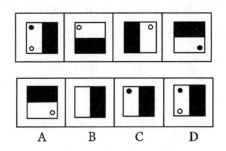

407. 奇妙的图形

根据下面所给图形的变化规律，下一幅图形应该是哪个？

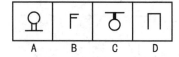

A　　B　　C　　D

408. 巧妙的变化

根据下面所给图形的变化规律，下一幅图形应该是哪个？

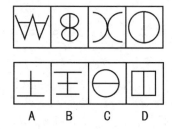

A　　B　　C　　D

409. 线条与汉字

根据下面所给图形的变化规律，下一幅图形应该是哪个？

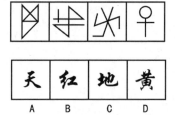

A　　B　　C　　D

410. 图标组合

根据下面所给图形的变化规律，下一幅图形应该是哪个？

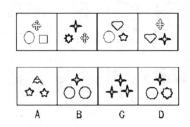

A　　B　　C　　D

411. 共同的特点

根据下面所给图形的变化规律，下一幅图形应该是哪个？

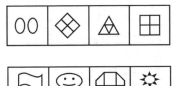

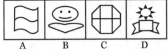

A　　B　　C　　D

412. 卫星

根据下面所给图形的变化规律，下一幅图形应该是哪个？

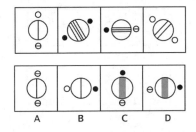

A　　B　　C　　D

413. 缺口的田字

根据下面所给图形的变化规律，下一幅图形应该是哪个？

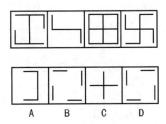

A　　B　　C　　D

414. 缺口

根据下面所给图形的变化规律，下一幅图形应该是哪个？

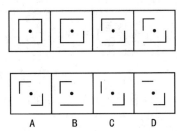

A　　B　　C　　D

415. 简化

根据下面所给图形的变化规律，下一幅应该是什么图形？

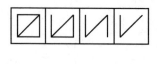

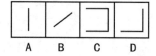

A　B　C　D

416. 旋转的角度

根据下面所给图形的变化规律，下一幅图形应该是哪个？

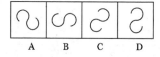

A　B　C　D

417. 分割的正方形

根据下面所给图形的变化规律，下一幅图形应该是哪个？

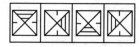

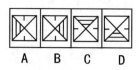

A　B　C　D

418. 灰色半圆

根据下面所给图形的变化规律，下一幅图形应该是哪个？

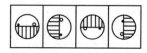

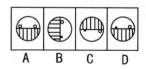

A　B　C　D

419. 椭圆阵列

根据下面所给图形的变化规律，下一幅图形应该是哪个？

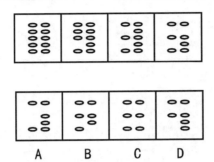

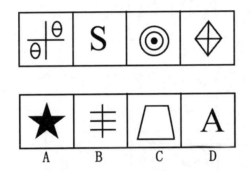

420. 美丽的图形

根据下面所给图形的变化规律，下一幅图形应该是哪个？

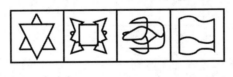

421. 遮挡

根据下面所给图形的变化规律，下一幅图形应该是哪个？

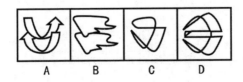

422. 旋转的扇形

根据下面所给图形的变化规律，下一幅图形应该是哪个？

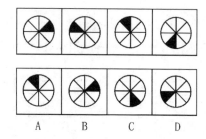

423. 双层图案

根据下面所给图形的变化规律，下一幅图形应该是哪个？

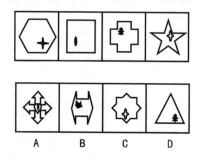

424. 有什么规律

根据下面所给图形的变化规律，下一幅图形应该是哪个？

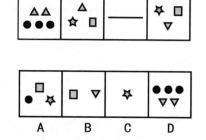

425. 贪吃蛇

根据下面所给图形的变化规律，下一幅图形应该是哪个？

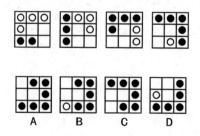

426. 转弯的箭头

根据下面所给图形的变化规律，下一幅图形应该是哪个？

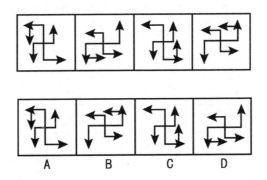

427. 奇怪的变换

根据下面所给图形的变化规律，在问号处应该填什么？

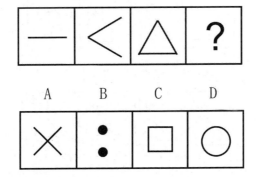

428. 角度

根据下面所给图形的变化规律，在问号处应该填什么？

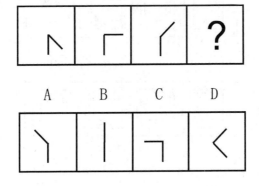

429. 分支

根据下面所给图形的变化规律，在问号处应该填什么？

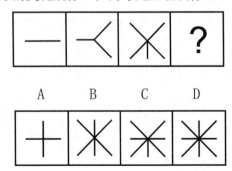

430. 延伸

根据下面所给图形的变化规律，在问号处应该填什么？

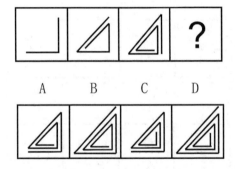

431. 嵌套

根据下面所给图形的变化规律，在问号处应该填什么？

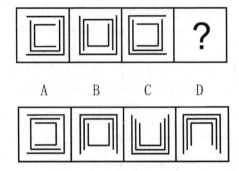

432. 骰子对比

根据下面所给图形的变化规律，在问号处应该填什么？

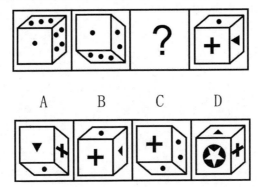

各章题目
参考答案

第一章

1. 查账

那个数是 170。如果是小数点的错，那么账上多出的钱数应是实收的 9 倍。所以 153÷9=17，那么错账应该是 17 的 10 倍。找到 170 元改成 17 元就行了。

2. 午餐分钱

因为 3 人吃了 8 块饼，其中，约克带了 3 块饼，汤姆带了 5 块。假设三个人吃得一样多，则约克吃了其中的 1/3，即 8/3 块，路人吃了约克带的饼中的 3-8/3=1/3(块)；汤姆也吃了 8/3(块)，路人吃了他带的饼中的 5-8/3=7/3(块)。这样，路人所吃的 8/3(块)块饼中，有约克的 1/3(块)，汤姆的 7/3(块)。路人所吃的饼中，属于汤姆的是属于约克的 7 倍。因此，对于这 8 个金币，公平的分法是：约克得 1 个金币，汤姆得 7 个金币。

3. 运动员和乌龟赛跑

显而易见，运动员当然会超过乌龟，这是我们的常识。

但是从逻辑上讲，运动员永远地追不上乌龟这个结论的错误在于：有些人把阿基里斯追赶乌龟的路程任意地分割成无穷多段，而且认为，要走完这无穷多段路程，就非要无限长的时间不可。

其实并不是这样，因为这被分割的无限多段路程，加起来还是那个常数而已。要确定具体的超越点也是很容易的。

假设乌龟跑了 s 千米后可以被追上，此时运动员跑了 $s+12$ 千米。

则 $(s+12)/s=12/1$

解得 $s=12/11$ 千米。

这些哲学谜题在中国古代也有，例如"一尺之棰，日取其半，万世不竭"，讲的是一根棍棒，每天用掉一半，那么它永远也用不完。但是，我们要注意物质和空间是不同的，空间的无限分割更复杂。根据当代物理学原理，宏观物质不能无限分割，分割到分子或者原子的时候，物质就不能保持自身了。另一方面从物质起源看，到目前仍然不了解物质无限分割的界限，这是物理学上有关物质结构的问题。

4. 小明的烦恼

一个男孩一个女孩有两种情况：兄妹或者姐弟，所以生两个男孩的概率是 1/4。

5. 骰子——奇数还是偶数

共有 6 种可能出现的偶数情况：2、4、6、8、10 和 12。共有 5 种可能的奇数情况：3、5、7、9 和 11。尽管如此，下面的图表显示，共有 18 种可能得到偶数，18 种可能得到奇数。所以得到偶数和得到奇数的概率相等。

骰子1	1	1	1	1	1	1	2	2	2	2	2	2	3	3	3	3	3	3
骰子2	1	2	3	4	5	6	1	2	3	4	5	6	1	2	3	4	5	6
和	2	3	4	5	6	7	3	4	5	6	7	8	4	5	6	7	8	9
奇偶	偶	奇	偶	奇	偶	奇	奇	偶	奇	偶	奇	偶	偶	奇	偶	奇	偶	奇
骰子1	4	4	4	4	4	4	5	5	5	5	5	5	6	6	6	6	6	6
骰子2	1	2	3	4	5	6	1	2	3	4	5	6	1	2	3	4	5	6
和	5	6	7	8	9	10	6	7	8	9	10	11	7	8	9	10	11	12
奇偶	奇	偶	奇	偶	奇	偶	偶	奇	偶	奇	偶	奇	奇	偶	奇	偶	奇	偶

6. 写数字

需蘸 24 次墨水。只要数一下 97～105 中共有多少个数字即可。97、98、99 每个数由两个数字构成，99 后面的数字都由三个数字构成。

7. 入学考试

30 分。6 与 3 都是 3 的倍数，不管答对几道题，最后的得分都应是 3 的倍数，只有 30 分符合这个条件。

8. 种树

她 7 岁时种了 10 棵树，然后每隔一年半再种 10 棵树，一共种了 150 棵，说明一共种了 15 次，中间有 14 个间隔，每个间隔为一年半，所以总年数为 1.5×14=21(年)。

停止种树后，设又过了 x 年，则最早种的那 10 棵树的年龄为 $(21+x)$ 岁，最后一批树的年龄为 x 岁。根据题意列方程：

$21+x=8x$

解得：$x=3$

最早那 10 棵树的年龄是 24 岁，最后一批树的年龄是 3 岁，所以婧婧现在的年龄是 31 岁。

9. 家庭活动

这是求三个数 3、5、6 的最小公倍数，即 30。所以至少需要 30 天，三人才能再次进行家庭活动。

10. 掷骰子

不一样。虽然都有 3 组搭配，不过掷出 7 点的时候 1～6 都能用，而掷出 8 点时 1 不能用，只有 2～6 可选，因此两个概率是不相同的。你可以算算每个具体概率是多少。

11. 四姐妹的年龄

把 15 分解因数，则有 15=3×5×1×1 或者 15=15×1×1×1(双胞胎或者三胞胎)。

12. 设备

用现有的 10 台设备就可以了。10 台设备每 10 分钟可以制作 10 个成品，延长 10 分钟还可以制作 10 个成品，延长到 10000 分钟，就可以制作 10000 个成品了。

13. 五个人的年龄

这三位邻居年龄的乘积是 2450，即

$xyz=2450$

又因为 2450=2×5×5×7×7，所以三个邻居的年龄可以得出以下 7 组数：

10+35+7=52

10+5+49=64

2+25+49=76

14+35+5=54

14+25+7=46

2+35+35=72

50+7+7=64

其中只有 10、5、49 和 50、7、7 这两组的得数一样，这样才符合第二个老师所说的"还差一个条件"，否则一下即可知答案。

所以第二个老师为 64/2=32 岁。

如果第一个老师大于 50 岁的话，那么即使他补充了条件也猜不出邻居的年龄，所以他应该刚好是 50 岁。

所以甲 50 岁，乙 32 岁，邻居的年龄各是 10、5、49 岁。

14. 卖糖果

把 1500 颗糖分成 1、2、4、8、16、32、64、128、256、512、477，11 包，每份包成 1 包。这样只要少于 1500 颗糖，无论客人要多少颗，都可以成包买走。

15. 作家

作家第一次赚了 9000 元，第二次赚了 2000 元。第三次与他无关，所以作家一共赚了 11000 元。

16. 龟兔赛跑

当它们相遇的时候，兔子跑了全程的 1/6，而在兔子跑的这段时间内，乌龟跑了 17/24，也就是说乌龟的速度是兔子速度的 17/4 倍。兔子还有 5/6 圈的路程要跑，而乌龟只有 1/6 圈，所以兔子的速度就必须至少是乌龟的 5 倍，也就是它自己原来速度的 85/4 倍才行。

17. 史上最难的概率题

"A 声称 B 否认 C 说 D 是说谎了" = "A 声称 B 认为 C 说 D 是说真话"

这个条件可以有以下几种可能：

D 真 C 真 B 真 A 真，概率为 1/81；

D 真 C 假 B 假 A 真，概率为 4/81；

D 真 C 假 B 真 A 假，概率为 4/81；

D 真 C 真 B 假 A 假，概率为 4/81；

D 假 C 假 B 真 A 真，概率为 4/81；

D 假 C 真 B 假 A 真，概率为 4/81；

D 假 C 真 B 真 A 假，概率为 4/81；

D 假 C 假 B 假 A 假，概率为 16/81。

这样，D 说了真话的概率是：(1+4+4+4)/(1+4+4+4+4+4+4+16)=13/41。

18. 几人及格

至少及格人数是 62 人。由题意知：

第 1 题做错有 20 人；

第 2 题做错有 28 人；

第 3 题做错有 16 人；

第 4 题做错有 12 人；

第 5 题做错有 44 人。

因第 4 题做错而不及格的人最多有 12 人(人最少)。要不及格，至少还要做错另外两道题，另外两道题做错的分配方案如下。

(1) 先取错得最多的第 5 题，剩 44-12=32 人(最多)(第 1 题做错有 20 人，第 2 题做错有 28 人，第 3 题做错有 16 人)。

(2) 余下的一道错题的 12 人在第 1、2、3 题中选，要均匀，第 2 题做错选 8 人 (第 1 题做错有 20 人，第 2 题做错剩 20 人，第 3 题做错有 16 人)剩下 4 人，选 2 人做错第 1 题，选 2 人做错第 3 题，结果剩下：第 1 题做错 18 人，第 2 题做错 20 人，第 3 题做错 14 人，第 5 题做错 32 人。

同上方法：因第 3 题做错而不及格的最多有 16 人(人最少)，先取错得最多第 5 题剩 32-16=16，再取第 1 题做错 8 人(剩 10)，第 2 题做错 8 人(剩 10)。结果剩下：第 1 题做错 10 人，第 2 题做错 10 人，第 5 题做错 16 人。

同上方法：因第 1 题做错而不及格的最多有 10 人(人最少)，先取错得最多的第 5 题剩 16-10=6，再取第 2 题做错 10 人。结果剩下：第 5 题做错 6 人。所以最后最多不及格人数为 12+16+10=38 人，即至少及格人数 100-38=62 人。

还有一种解法：

假设做对一题得 20 分，满分为 100 分，60 分为及格。

由题意得出 100 人的总分为：(80+72+84+88+56)×20=7600。

7600 分给 100 个人，要使不及格人数最多的分配方案如下：

先每人分得 40 分，这时消耗了 40×100=4000 分，还余下 3600 分要集中分配给

尽可能少的人:

因为有 56 个人可能得 100 分,那么就给这 56 人补足 100 分,还余下 3600−56×60=240 分可以分给 6 个人,每人 40 分。这样这 100 人中,56 人得 100,6 个人得 80 分,其余 38 人得 40 分,即至少有 56+6=62 人及格。

19. 马车运菜

必须运货时最大化(1000 公斤),回来时最小化(1 公斤),即每次前进 1 公里,所以:

当菜量大于 2000 公斤时,要运 3 次,每公里损耗 5 公斤菜;当菜量大于 1000 公斤时,要运 2 次,每公里损耗 3 公斤菜;当菜量小于或等于 1000 公斤时,就能直接运往终点,且每公里只损耗 1 公斤菜。即,

(1) 1000/5=200,走完 200 公里时损耗 200×5=1000 公斤,余 2000 公斤。

(2) 1000/3=333.3,再走完 333.3 公里时损耗 333.3×3=1000 公斤,余 1000 公斤。

(3) 剩下 1000 公斤菜,需要走 1000−200−333=467 公里,所以最后剩下 1000−467=533 公斤菜可以运到城镇。

20. 兔子背胡萝卜

先背 50 根到 25 米处,这时吃了 25 根,还有 25 根,放下。回头再背剩下的 50 根,走到 25 米处时,又吃了 25 根,还有 25 根。再拿起地上的 25 根,一共 50 根,继续往家走,还剩 25 米,要吃 25 根,到家时剩下 25 根。

21. 称量水果

给 10 个箱子分别编号 1~10,第 1 箱取 1 个,第 2 箱取 2 个……第 10 箱取 10 个,放在秤上一起秤。本来应该是 55×500 克,当混入每个 400 克的桃子时,总重量会减少。减少几百克,就说明有几个 400 克的桃子,也就知道几号箱子里是 400 克的桃子了。

22. 猜数字(1)

甲说道:"我知道乙和丙的数字是不相等的!"所以甲的数字是单数。只有这样才能确定乙、丙的数字之和是个单数,所以肯定不相等。

乙说道:"我早就知道我们 3 个的数字都不相等了!"说明第 2 个人的数字是大于 6 的单数。因为只有他的数字是大于 6 的单数,才能确定甲的单数和他的不相等。而且一定比自己的小,否则 3 个数的和就会超过 14。

这样,第 3 个人的数字就只能是双数了。

而第 3 个人说他知道每个人手上的数字了,那么他根据自己手上的数字知道前两个人的数字之和,又知道其中一个是大于 6 的单数,且另一个也是单数,可知这个和是唯一的,那就是 7+1=8。如果前两人之和大于 8,比如是 10,就有两种情况:

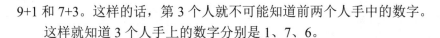

9+1 和 7+3。这样的话，第 3 个人就不可能知道前两个人手中的数字。

这样就知道 3 个人手上的数字分别是 1、7、6。

23. 猜数字(2)

将 P 和 S 两位同学所说的三句话依次编号为 S1，P1，S2。

设这两个数为 x、y，和为 s，积为 p。

由 S1，P 不知道这两个数，所以 s 不可能是两个质数相加得来的，而且 $s \leq 41$。因为如果 $s > 41$，那么 P 拿到 41×(s-41)必定可以猜出 s 了。所以 s 为{11, 17, 23, 27, 29, 35, 37, 41}之一，设这个集合为 A。

(1) 假设和是 11。11=2+9=3+8=4+7=5+6，如果 P 拿到 18，18=3×6=2×9，只有 2+9 落在集合 A 中，所以 P 可以说出 P1，但是这时候 S 能不能说出 S2 呢？我们来看，如果 P 拿到 24，24=6×4=3×8=2×12，P 同样可以说 P1，因为至少有两种情况 P 都可以说出 P1，所以 A 就无法断言 S2，所以和不是 11。

(2) 假设和是 17。17=2+15=3+14=4+13=5+12=6+11=7+10=8+9，很明显，由于 P 拿到 4×13 可以断言 P1，而其他情况，P 都无法断言 P1，所以和是 17。

(3) 假设和是 23。23=2+21=3+20=4+19=5+18=6+17=7+16=8+15=9+14=10+13=11+12，我们先考虑含有 2 的 n 次幂或者含有大质数的那些组，如果 P、S 分别拿到 4, 19 或 7, 16，那么 P 都可以断言 P1，所以和不是 23。

(4) 假设和是 27。如果 P、S 拿到 8、19 或 4、23，那么 P 都可以断言 P1，所以和不是 27。

(5) 假设和是 29。如果 P、S 拿到 13、16 或 7、22，那么 P 都可以断言 P1，所以和不是 29。

(6) 假设和是 35。如果 P、S 拿到 16、19 或 4、31，那么 P 都可以断言 P1，所以和不是 35。

(7) 假设和是 37。如果 P、S 拿到 8、29 或 11、26，那么 P 都可以断言 P1，所以和不是 37。

(8) 假设和是 41。如果 P、S 拿到 4、37 或 8、33，那么 P 都可以断言 P1，所以和不是 41。

综上所述：这两个数是 4 和 13。

24. 如何称四升油

本题是分析用 3、5 两个数，如何得到 4。

5-3=2；3-2=1；5-1=4。

也就是说，用 5 升桶装满油倒入 3 升桶，剩下 2 升，然后把 3 升的桶倒空，把 2 升油倒进去，然后再倒满 5 升的桶，用它把 3 升的桶倒满，这样 5 升桶里剩下的就是 4 升了。

25. 平分二十四斤油

先把 13 斤的桶装满，然后用 13 斤的桶倒满 5 斤的瓶，这时 13 斤的桶里就剩下 8 斤了，也就是 1/3 了，将这些倒入 11 斤的桶中，分给其中一位。再用倒满 13 斤的桶，重新来一次，就完成了。

26. 分饮料

用 4 升瓶里的果汁把 2.5 升瓶倒满；用 2.5 升瓶里的果汁把 1.5 升瓶倒满；把 1.5 升瓶里的果汁倒回 4 升瓶中，并把 2.5 升瓶中的 1 升倒回 1.5 升瓶中。用 4 升瓶中的 3 升把 2.5 升瓶倒满，然后用 2.5 升瓶中的果汁把 1.5 升瓶倒满，把 1.5 升瓶中的果汁倒回 4 升瓶中。这时，4 升瓶和 2.5 升瓶中的果汁都是 2 升的，正好平均分配。

27. 分面粉

第一次，在天平的左边放两个砝码 2 克+7 克=9 克，右边放 9 克面粉。

第二次，在天平的左边放 7 克的砝码和刚量出的 9 克面粉，7 克+9 克=16 克，右边放 16 克面粉。

第三次，在天平的左边放前两次分出的 9 克+16 克=25 克面粉，右边放 25 克面粉。

两个 25 克的面粉混合在一起，即得 50 克，剩下的为 90 克，分配完毕。

测出的面粉还可以当作砝码来测量物品，所以只要用 2、7 及它们的和 9 凑出 25 即可。很简单，7+9+9=25。

28. 酒鬼分酒

平分的方法如下：

项　　目	八斤瓶	五斤瓶	三斤瓶
第一次	3	5	0
第二次	3	2	3
第三次	6	2	0
第四次	6	0	2
第五次	1	5	2
第六次	1	4	3
第七次	4	4	0

29. 教授有几个孩子

首先，凑不够 2 个 9 人队，孩子总数最多为 17 人。若为 17 人以上，就可以凑成 2 个 9 人队或凑够 2 个 9 人队之后还有剩余。因此，可以确定的是叔叔家的孩子最多有 2 个，若有 3 个或者 3 个以上，则其他三家至少分别有 6、5、4 个，总数大于 17 人。

叔叔家孩子有 2 个的情况如下：

主人	弟弟	妹妹	叔叔	对应门牌号
5	4	3	2	120
6	4	3	2	144
7	4	3	2	168
8	4	3	2	192
6	5	3	2	180
7	5	3	2	210
6	5	4	2	240

叔叔家孩子为 1 个的情况时，另外 3 个数相加≤16(17-1=16)，且 3 个数各不相同，并且 3 个数中最小数≥2，可以列出这 3 个数相乘的积最大为 4×5×7=140。其次为 3×5×8=4×5×6=120。再次为 3×4×9=108。此时已比上面所列最小积还要小，若答案在小于 108 的范围内，就不需要知道叔叔家的孩子是 1 人还是 2 人了。

所以，在知道 4 数积及最小数是 1 还是 2 的情况下，如果还不能得出结论，只有门牌号为 120 时才有可能。

因此，确定门牌号为 120 了，当知道叔叔家孩子个数时就能确定 4 个数的情况，只有这一种情况：主人有 5 个孩子，弟弟有 4 个孩子，妹妹有 3 个孩子，叔叔有 2 个孩子。

30. 市长竞选

按照最少的候选人数投票，也就是说，假设这 49 票都投给了其中的 4 个人，那么第三名一定要得到比平均数多的票才能超过第四名，确保当选。而平均数是 49/4=12.25，所以至少要得到 13 票，才能确保当选。

31. 有问题的钟

这个题的关键是要想明白，只有两根指针成一直线的时候，所指的时间才是准确的。在 6 点，两针成为一直线，这是老钟表匠装配的时间。以后，每增加 1 小时 5+(5/11)分，两根指针会成为一直线。7 点之后，两根指针成为一条直线的时间是 7 点 5+(5/11)分；8 点之后，两针成为一直线的时间是 8 点 10+(10/11)分。

32. 两个赌徒

第 1 个人会赢，他点数大的次数约占全部投掷次数的 55%，如下所示。

	2	4	5
1	L	L	L
3	W	L	L
6	W	W	W

(表中：L 表示第 2 个人输，W 表示第 2 个人赢。)

也就是说，如果赌 9 次，那么第 1 个人会赢 5 次，第 2 个人只会赢 4 次。所以总体下来，第 1 个人会赢。

33. 赛跑比赛

小兔子的速度是小狗的 90%；小马的速度是小兔子的 90%；小山羊的速度是小马的105%。所以，小山羊的速度是小狗的 90%×90%×105%=85.05%，所以小狗先到终点，另一个还差 14.95 米。

34. 三个班级

首先，确定哪个数字不表示学生的年龄。1 至 13 这 13 个数字之和是 91，而三个班级所有学生的年龄之和是 84，因此，不表示学生年龄的数字是 7。

班级 A 的 4 个学生的年龄只能是以下两种情况之一：

12、6、10、13 或者 12、8、10、11(12 必须包括其中)。

班级 C 的 4 个学生的年龄只能是以下 4 种情况之一：

4、1、3、13 或者 4、1、6、10 或者 4、2、6、9 或者 4、3、6、8(4 必须包括其中)。

这样，班级 A 学生的年龄不可能是 12、6、10、13。否则，班级 C 学生年龄的四种可能情况没有一种能够成立。因此，班级 A 学生的年龄必定是 12、8、10、11。

这样，班级 C 学生的年龄只能是 4、1、3、13 或者 4、2、6、9。

如果班级 C 学生的年龄为 4、1、3、13。那么，班级 B 学生的年龄为 2、5、6、7。其和与已知条件不符。所以，班级 C 学生的年龄必定是 4、2、6、9；而班级 B 学生的年龄必定是 5、1、3、13。小明是班级 B 的学生。

35. 鸡兔同笼

本题可以列方程。假设鸡有 x 只，则兔子有 35-x 只。

根据题意，可得：

$2x+(35-x)×4=94$

解得：$x=23$

所以鸡有 23 只，兔子有 35-23=12 只。

另外还有其他一些简便算法：

有人是这样计算的：假设这些动物全都受过训练，一声哨响，每只动物都抬起一条腿，再一声哨响，又分别抬起一条腿，这时鸡全部坐在了地上，而兔子还用两只后腿站立着。此时，脚的数量为 94-35×2=24，所以兔子有 24/2=12 只，则鸡有 35-12=23 只。

或者说：假设把 35 只全看作鸡，每只鸡有 2 只脚，一共应该有 70 只脚。比已知的总脚数 94 只少了 24 只，少的原因是把每只兔的脚少算了 2 只。看看 24 只里面少算了多少个 2 只，便可求出兔的只数，进而求出鸡的只数。

除此之外，我国古代有人也想出了一些特殊的解答方法。

假设一声令下，笼子里的鸡都表演"金鸡独立"，兔子都表演"双腿拱月"。那么鸡和兔着地的脚数就是总脚数的一半，而头数仍是 35。这时鸡着地的脚数与头数相等，每只兔着地的脚数比头数多 1，那么鸡兔着地的脚数与总头数的差就等于兔的头数。

我国古代名著《孙子算经》对这种解法就有记载："上置头，下置足。半其足，以头除足，以足除头，即得。"

具体解法：兔的只数是 94÷2-35=12(只)，鸡的只数是 35-12=23(只)。

36. 兔子问题

第一个月初，有 1 对兔子；第二个月初，仍有 1 对兔子；第三个月初，有 2 对兔子；第四个月初，有 3 对兔子；第五个月初，有 5 对兔子；第六个月初，有 8 对兔子……。把这些对数顺序排列起来，可得到下面的数列：

1, 1, 2, 3, 5, 8, 13, …

观察这一数列，可以看出：从第三个月起，每月兔子的对数都等于前两个月对数的和。根据这个规律，推算出第十三个月初的兔子对数，也就是一年后养兔人有兔子的总对数(233 对)。

37. 洗碗问题

设客人是 x 人，可用各种碗的个数合起来等于碗的总数的关系列方程解答。

$x/2+x/3+x/4=65$

解得：$x=60$

所以她家一共来了 60 位客人。

这道题目在《孙子算经》中的解法是这样的："置六十五只杯，以一十二乘之，得七百八十，以一十三除之，即得。"

38. 七猫问题

总数是 19607。

房子有 7 间，猫有 7^2=49 只，鼠有 7^3=343 只，麦穗有 7^4=2401 个，麦粒有 7^5=16807 颗。全部加起来就是 19607。

可以说这是世界上最古老的数学趣题了。大约在公元前 1800 年，埃及的一个僧侣名叫阿默士，他在纸草书上写了几个字：

家	猫	鼠	麦	量器
7	49	343	2401	16807

但他没有说是什么意思。

两千多年后，意大利的裴波那契在《算盘书》中写了这样一个问题："7 个老妇同赴罗马,每人有 7 匹骡驮,每匹骡驮 7 个袋,每个袋盛 7 个面包,每个面包带有 7 把小刀,每把小刀放在 7 个鞘之中,问各有多少?"受到这个问题的启发,德国著名的数学家 M. 康托尔推断阿默士的题意和这个题所问是相同的。

这类问题,在 19 世纪初又以歌谣体出现在算术书中:

> 我赴圣地爱弗西,
>
> 途遇妇女数有七,
>
> 一人七袋手中提,
>
> 一袋七猫数整齐,
>
> 一猫七子紧相依,
>
> 妇与布袋猫与子,
>
> 几何同时赴圣地?

39. 韩信点兵(1)

他至少带了 2519 个兵。

首先,我们发现了一个特点,就是说,无论选择 2 到 10 这几个数中的哪个,都是只差一个人就可以站满整排。

换句话说,只要多增加一个人,就可以做到无论是 2 人一排、3 人一排、4 人一排、5 人一排、6 人一排、7 人一排、8 人一排、9 人一排、10 人一排都可以站满整排了。

所以我们以能站齐整排为出发点。

要想每排人站齐,人数必须是每排人数的倍数,也就是只有 10、9、8、7……2 的公倍数,才能做到无论怎样排都是整排的。

而 10、9……2 的最小公倍数是 2520。

其中当然包括了多出来的那个人。

所以,韩信的兵数至少应该是 2520-1=2519 人。

40. 韩信点兵(2)

韩信的这种巧妙算法,人们称为"鬼谷算""隔墙算""秦王暗点兵"等。

这个问题人们通常把它叫作"孙子问题",西方数学家把它称为"中国剩余定理"。到现在,这个问题已成为世界数学史上著名的问题。

到了明代,数学家程大位把这个问题的算法编成了一首歌诀:

> 三人同行七十稀,五树梅花廿一枝,
>
> 七子团圆正半月,除百零五便得知。

用现在的话来说就是:一个数用 3 除,除得的余数乘 70;用 5 除,除得的余数乘 21;用 7 除,除得的余数乘 15。最后把这些乘积加起来再减去 105 的倍数,就知道这个数是多少了。

《孙子算经》对这个问题的算法如下：

70×2+21×3+15×2=233

233-105-105=23

所以这些物品最少有 23 个。

根据上面的算法，韩信点兵时，必须先知道部队的大约人数，否则他也是无法准确算出人数的。你知道这是怎么回事吗？

这是因为，被 3、5 整除，而被 7 除余 1 的最小正整数是 15；

被 3、7 整除，而被 5 除余 1 的最小正整数是 21；

被 5、7 整除，而被 3 除余 1 的最小正整数是 70。

因此，被 3、5 整除，而被 7 除余 2 的最小正整数是 15×2=30；

被 3、7 整除，而被 5 除余 3 的最小正整数是 21×3=63；

被 5、7 整除，而被 3 除余 2 的最小正整数是 70×2=140。

于是和数 15×2+21×3+70×2，必具有被 3 除余 2，被 5 除余 3，被 7 除余 2 的性质。但所得结果 233(30+63+140=233)不一定是满足上述性质的最小正整数，故从它里面减去 3、5、7 的最小公倍数 105 的若干倍，直至差小于 105 为止，即 233-105-105=23。所以 23 就是被 3 除余 2，被 5 除余 3，被 7 除余 2 的最小正整数。

我国古算书中给出的上述歌诀，实际上是特殊情况下给出了一次同余式组解的定理。1247 年，秦九韶著《数书九章》，首创"大衍求一术"，给出了一次同余式组的一般求解方法。在欧洲，直到 18 世纪，欧拉、拉格朗日等，都曾对一次同余式问题进行过研究。德国数学家高斯，在 1801 年出版的《算术探究》中，才明确地写出了一次同余式组的求解定理。当《孙子算经》中的"物不知数"问题解法于 1852 年经英国传教士伟烈亚力传到欧洲后，1874 年德国人马提生指出孙子的解法符合高斯的求解定理。

41. 欧拉遗产问题

大家不要被这么长的题目吓到，只要抓住题中的关键所在，从后往前推算，就可以迎刃而解了。首先，我们设这位父亲共有 n 个儿子，最后一个儿子为第 n 个儿子，则倒数第二个就是第 $(n-1)$ 个儿子。通过分析可知：

第一个儿子分得的财产=100×1+剩余财产的 1/10；

第二个儿子分得的财产=100×2+剩余财产的 1/10；

第三个儿子分得的财产=100×3+剩余财产的 1/10；

······

第 $(n-1)$ 个儿子分得的财产=100×$(n-1)$+剩余财产的 1/10；

第 n 个儿子分得的财产为 100n。

因为每个儿子所得的财产数相等，即 100×$(n-1)$+剩余财产的 1/10=100n，所以剩余财产的 1/10 就是 100n-100×$(n-1)$=100 克朗。

那么，剩余的财产就为 100÷1/10=1000 克朗。

最后一个儿子分得：1000-100=900 克朗。

从而得出，这位父亲有(900÷100)=9 个儿子，共留下财产 900×9=8100 克朗。

42. 马和猎狗

设马跳 1 次的距离为 1 个单位距离，则狗跳 1 次的距离为 7/4=1.75 个单位距离。

在相同时间内(取狗跳 6 次的时间，马跳 5 次的时间)。

狗跳的距离为 1.75×6=10.5 个单位距离。

马跳的距离为 1×5=5 个单位距离。

所以，狗和马的速度比为 10.5/5=2.1。

设马被狗追上时，跑的总距离为 S 公里，则追赶过程中，狗跑的距离为 S 公里，马跑的距离为(S-5.5)公里，由相同时间内，距离比等于速度比，可得方程：

$S/(S-5.5)=2.1$

解得：$S=10.5$ 公里。

所以，马一共跑了 10.5 公里，即又跑了 5 公里时，才被狗追上。

43. 动物赛跑

小兔子跑完 1000 米所用的时间是 200 秒，在这个时间内，小鹿会跑 1200 米，所以小鹿要后退 200 米。

44. 逃脱的案犯

可以逃脱。

若是"飞毛腿"将船划向黑猫警长所在岸的对称方向，那么它要行进的距离为 R，黑猫警长要行进的距离为 3.14R，因为"飞毛腿"划船的速度是黑猫警长奔跑速度的 1/4，所以它在划到岸边之前黑猫警长就能赶到，这种方法行不通。

正确的方法是，"飞毛腿"把船划到略小于 1/4 的圆半径的地方，比如说 0.24R，然后以湖的中心为圆心，作顺时针划行。在这种情况下，"飞毛腿"的角速度大于在岸上的黑猫警长能达到的最大角速度。这样划下去，它就可以在某一个时刻，处于离黑猫警长最远的地方，也就是和黑猫警长在一条直径上，并且在圆心的两边。然后"飞毛腿"把船向岸边划，这时，它离岸边的距离为 0.76R，而黑猫警长要跑的距离为 3.14R。由于 4×0.76R<3.14R，所以"飞毛腿"可以在黑猫警长赶到之前上岸，并用最快的速度逃脱。

45. 对了多少题

少错一道题，也就是再加 5+3=8 分，她才能及格，所以婧婧得了 52 分。设婧婧做对了 x 题，那么她做错的题是 20-x，且有 5x-3×(20-x)=52。解方程得 x=14，所以婧婧答对了 14 道题。

46. 海盗分椰子

15621 个。解题方法很多，下面介绍一种最容易理解的解法。

假设给这堆椰子增加 4 个，则每次刚好分完而没有剩余。

解：设椰子总数为 n-4，天亮后每人分到的个数为 a。

$(1/5)×(4/5)×(4/5)×(4/5)×(4/5)×(4/5)×n=a$

$1024/15625×n=a$

因为 a 是整数，所以 n 最小为 15625。

n-4=15621。

还可以设最开始有 X 个椰子，天亮时每人分到 Y 个椰子，则可得：

$X=5A+1$

$4A=5B+1$

$4B=5C+1$

$4C=5D+1$

$4D=5E+1$

$4E=5Y+1$

化简以后得：$1024X=15635Y+11529$。

这是个不定方程，依照题目我们求最小正整数解。如果 X_1 是这个方程的解，则 X_1+15625(5^6=15625，因为椰子被连续 6 次分为 5 堆)也是该方程的解，那么用个取巧的方法来解，就是设 Y=-1，则 X=-4。如果最开始有-4 个椰子，那么大家可以算一下，无论分多少次，都是符合题意的。

所以把-4 加上 15625 就是最小的正整数解了，答案是 15621 个。

47. 大牧场主的遗嘱

大牧场主有 7 个儿子，56 头牛。大儿子拿了 2 头牛，他老婆拿了 6 头；第二个儿子拿了 3 头牛，他老婆拿了 5 头；第三个儿子拿了 4 头牛，他老婆也拿了 4 头。依次类推，直到最后，第七个儿子拿到 8 头牛，但牛已经全部分光。现在每个家庭都分到 8 头牛，所以每家可以再分到 1 匹马。于是他们都分到了价值相等的牲口。

48. 猜年龄

设小李 x 岁，老王 y 岁。

"老王现在的年龄是我过去某一年的年龄的两倍"，在这一年，小李 $y/2$ 岁，老王 y-$(x$-$y/2)$=$3y/2$-x 岁；

"在过去的那一年，老王的年龄又是将来某一年我的年龄的一半"，在这个时刻，小李 $3y$-$2x$ 岁；

"老王过去当他的年龄是我的年龄三倍时"，这时老王的年龄是$(3y$-$2x)/3$=y-$2x/3$ 岁，小李的年龄是$(y$-$2x/3)/3$=$y/3$-$2x/9$ 岁；

因为是同一年，所以有等式：$x-(y/3-2x/9)=y-(y-2x/3)$；化简为：$5x=3y$；

因为 $x+y=48$，解得 $x=18$。所以小李现在的年龄是 18 岁。

49. 曹操的难题

张辽的军队到达之前，曹操的士兵已经吃了 1 天的粮食了，所以，现在的粮食还够 20 万人吃 6 天。加上张辽的人马后只能吃 5 天了，这就是说张辽的人马在 5 天内吃的粮食等于曹操原来士兵 1 天吃的，所以张辽带来了 4 万人。

50. 抽屉原理

4 个。

在最差的情况下抓 3 个至少是每种颜色的彩球各 1 个，所以再多抓 1 个，也就是 4 个，那么里面一定会有 2 个是一样颜色的。这就是最简单的"抽屉原理"。

下面解释一下"抽屉原理"，我们先看几个例子：

"任意 367 个人中，必有生日相同的人。"

"从任意 5 双手套中任取 6 只，其中至少有 2 只恰为 1 双手套。"

"从数 1, 2, …, 10 中任取 6 个数，其中至少有 2 个数为奇偶性不同。"

……

上面所述结论是正确的，那么这些结论是依据什么原理得出的呢？这个原理叫作抽屉原理。它的内容可以用形象的语言表述为："把 m 个东西任意分放进 n 个空抽屉里($m>n$)，那么一定有 1 个抽屉中放进了至少 2 个东西。"

在上面的第一个结论中，由于一年最多有 366 天，因此在 367 人中至少有 2 人出生在同月同日。这相当于把 367 个东西放入 366 个抽屉，至少有 2 个东西在同一抽屉里。在第二个结论中，不妨想象将 5 双手套分别编号，即号码为 1、2、3、4、5 的手套各有 2 只，同号的 2 只是 1 双。任取 6 只手套，它们的编号至多有 5 种，因此其中至少有 2 只的号码相同。这相当于把 6 个东西放入 5 个抽屉，至少有 2 个东西在同一抽屉里。

51. 巧分银子

因为每两个人相差的数量相等，第 1 个与第 10 个、第 2 个与第 9 个、第 3 个与第 8 个，第 4 个与第 7 个，第 5 个与第 6 个，每两个兄弟分到银子的数量的和都是 20 两，而第 8 个兄弟分到 6 两，这样可求出第 3 个兄弟分到银子的数量为 20-6=14 两。而从第 3 个兄弟到第 8 个兄弟中间有 5 个两人的差。由此便可求出每两人相差的银子为(14-6)/5=1.6 两。

52. 酒徒戒酒

我们来算下第 30 次喝完酒后要等多久才能喝第 31 次酒：$2^{29}=536870912$ 小时=22369621 天(相当于 61245.9 年)，他这辈子是喝不上酒了。

53. 司令的命令

其实这个问题很简单，只要满足一点，就是刘军长所得是留下的 2 倍，留下的是张军长借走的 2 倍，即可满足司令的命令。

所以分配方法为将所有粮草平均分为 7 份，刘军长得 4 份，自己留 2 份，张军长得 1 份。

54. 拨开关

灯编号的方根是整数时，开关在最后是朝下的，其他的朝上。这样 1、4、9、16、25、36、49、64、81、100 号朝下。

55. 星期几

30000 天有 4285 周零 5 天，所以五天后是星期几，30000 天后就是星期几。所以答案是星期一。

56. 数学教授的问题

从题中可以看出，阶梯的阶数比 2、3、4、5、6 的公倍数小 1，同时台阶的总数又是 7 的倍数。而 2、3、4、5、6 的最小公倍数是 60。所以阶梯的阶数可能是 $n \times 60-1$，取 n 为正整数，那么可以列出可能的阶数是：59、119、179……其中，59 不是 7 的倍数，而 119 是 7 的倍数。所以台阶的阶数最少是 119。

57. 猜猜年龄

2450=2×5×5×7×7

可能的情况是：

7×5×2、7、5

7×7×2、5、5

5×5×2、7、7

7×2、7×5、5

7×2、5×5、7

5×2、7×5、7

2×5、7×7、5

其中和相等的两组是 7、7、2×5×5=50；5、2×5=10、7×7=49。

这两组和都为 64，这是小张说不知道的时候可以推出来的。

当小王说：他们三人的年龄都比我们的朋友小李要小。

小张听后说：“那我知道了。”由此可以推出小李的年龄应该是 50 岁。

58. 找零钱

答案是老三用纸币付了水果钱。原因如下：

(1) 开始时：

老大有 3 个 10 美分硬币，1 个 25 美分硬币，账单为 50 美分。

老二有 1 个 50 美分硬币，账单为 25 美分。

老三有 1 个 5 美分硬币，1 个 25 美分硬币，账单为 10 美分。

店主有 1 个 10 美分硬币。

(2) 交换过程：

第一次调换：老大拿 3 个 10 美分硬币换老三的 1 个 5 美分和 1 个 25 美分硬币，此时老大手中有 1 个 5 美分硬币和 2 个 25 美分硬币，老三手中有 3 个 10 美分硬币。

第二次调换：老大拿 2 个 25 美分硬币换老二的 1 个 50 美分硬币，此时老大有 5 美分、50 美分硬币各 1 枚，老二有 2 个 25 美分硬币。

(3) 支付过程：

老大有 5 美分、50 美分硬币各 1 个，可以支付其 50 美分的账单，不用找零。

老二有 2 个 25 美分硬币，可以支付其 25 美分的账单，不用找零。

老三有 3 个 10 美分硬币，可以支付其 10 美分的账单。

店主有 2 个 10 美分硬币，以及 25、50 美分硬币各 1 枚。

(4) 老三买水果：

付账后老三剩余 2 个 10 美分硬币，要买 5 美分的水果。而店主有 2 个 10 美分硬币，以及 25、50 美分硬币各 1 枚，无法找开 5 美分，但硬币和为 95 美分，能找开纸币 1 元。于是得出答案，老三用 1 美元的纸币付了水果钱。

59. 药剂师称重

最简单的方法是：第一次，把 30 克和 35 克的砝码放在天平的一端，称出 65 克药粉；第二次，再用 35 克的砝码称出 35 克的药粉。剩下的药粉即为 200 克，65 克药粉加 35 克药粉即为 100 克。

60. 有多少香蕉

一开始最少有 25 个香蕉。

(1) 假定最后剩下的两份为 2 个即每份 1 个，则在小猴子醒来时共有 4 个香蕉，在中猴子醒来时有 7 个香蕉，而 7 个香蕉不能构成两份，与题意不符合。

(2) 假定最后剩下的两份为 4 个即每份 2 个，则在小猴子醒来时共有 7 个香蕉，也与题意不符合。

(3) 假定最后剩下的两份为 6 个即每份 3 个，则在小猴子醒来时共有 10 个香蕉，在中猴子醒来时有 16 个香蕉，而大猴子分出的 3 份香蕉中，每份有 8 个香蕉。

61. 1=2？

$a(b-a)=(b+a)(b-a)$

$a=b+a$

这一步错了，因为 $a=b$，所以 $b-a=0$。等式两边同时除以 0 以后不再相等。

第二章

62. 四点一线

答案如下图所示。

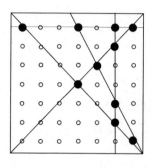

63. 十二点连线

一旦掌握一个有用的方法之后,它就可以举一反三。如果你已经解决了9个点的问题,那么更多点的问题的答案就很容易得到。就本题而言,需要用5条直线。答案如下图所示。

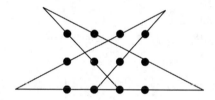

64. 十六点连线

答案如下图所示。

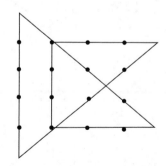

65. 连线问题

答案如下图所示。

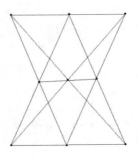

66. 连顶点

共有 12 种连法，答案如下图所示。

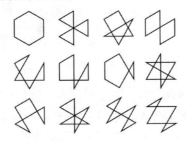

67. 连点画方

可以画出 7 种大小不同的正方形，答案如下图所示。

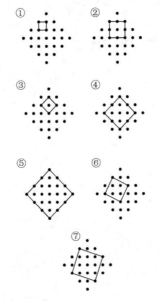

68. 电路

1 与 C、2 与 A、3 与 B 是相通的。

69. 迷宫

答案如下图所示。

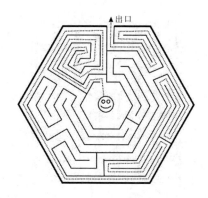

70. 笔不离纸

先把白纸的一个角沿 45° 折起来，然后如下图中 A 图所示，画出三条边，然后打开折叠的纸片，这样在白纸上只剩下两条平行的直线了。然后，继续画剩下的线条，就可以笔不离纸画出这个图形了。

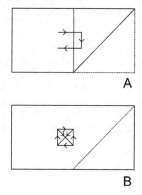

71. 印刷电路(1)

答案如下图所示。

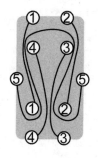

72. 印刷电路(2)

答案如下图所示。

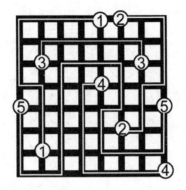

73. 印刷电路(3)

答案如下图所示。

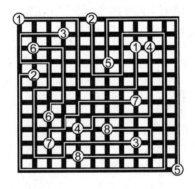

74. 修路(1)

答案如下图所示。

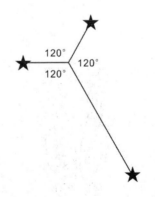

75. 修路(2)

答案如下图所示。

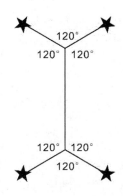

76. 修路(3)

答案如下图所示。

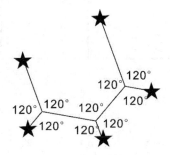

77. 连正方形

答案如下图所示。

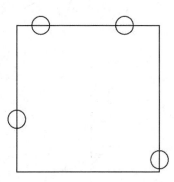

78. 最短路程

不是。

答案如下图所示。把圆锥的侧面展开，这样 A 点到 A_1 点的直线才是蚂蚁经过的路程最短的路线。

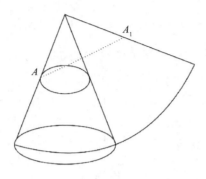

79. 最短路线

将正方体两个相邻的侧面展开(如下图所示)，A 和 B 的连线即是最短路线。

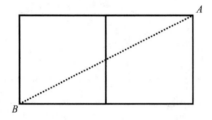

80. 画三角

答案如下图所示。

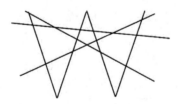

81. 五个三角形

答案如下图所示。

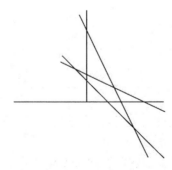

82. 5 个变 10 个

这道题有点儿难,能找到答案已经很不容易了。答案如下图所示。

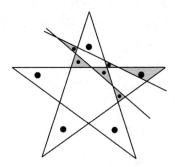

83. 重叠的面积

如下图所示,不论三角形转到哪里,重叠的面积大小都不变。因为不论转到什么角度,图中 A、B 两部分永远是全等的,所以重叠部分的面积永远是正方形的四分之一。

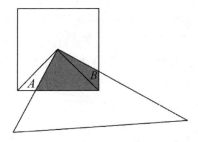

84. 齿轮

因为它们的齿数相同,所以转速也相同,跟中间连接的齿轮没有关系。

85. 传送带

左下角的齿轮逆时针旋转,其他的轮子都顺时针旋转。

86. 运动轨迹

答案如下图所示。

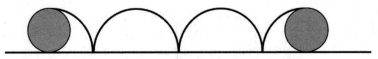

87. 七桥问题

七桥问题是一个著名的古典数学问题。欧拉用点表示岛和陆地,两点之间的连线表示连接它们的桥，将河流、小岛和桥简化为一个网络(见下图)，把七桥问题变成判断连通网络能否一笔画的问题。他不仅解决了此问题，且给出了连通网络可一笔画的充要条件：它们是连通的，且奇顶点(通过此点弧的条数是奇数)的个数为 0 或 2。七桥所形成的图形中，没有一点含有偶数条弧，因此上述的任务无法完成。

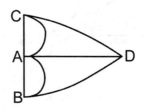

欧拉的这个研究结论非常重要，也非常巧妙，它表明了数学家处理实际问题的独特之处——把一个实际问题抽象成合适的"数学模型"。这种研究方法就是"数学模型方法"。这并不需要运用多么深奥的理论，但想到这一点，却是解决难题的关键。

欧拉通过对七桥问题的研究，不仅圆满地回答了哥尼斯堡居民提出的问题，而且得到并证明了更为广泛的有关一笔画的三条结论，人们通常称之为欧拉定理。对于一个连通图，通常把从某节点出发一笔画成所经过的路线叫作欧拉路。人们又通常把一笔画成回到出发点的欧拉路叫作欧拉回路。具有欧拉回路的图叫作欧拉图。

1736 年，欧拉在交给彼得堡科学院的《哥尼斯堡 7 座桥》的论文报告中，阐述了他的解题方法。他的巧解，为后来的数学新分支——拓扑学的建立奠定了基础。

88. 欧拉的问题

当莱奥纳德·欧拉解决了哥尼斯堡七桥问题后，他发现了解决这类问题的普遍规则。秘密是计算到每个交点或节点的路径数目。如果超过两个节点有奇数条路径，那么该图形是无法一笔画出的。

在这个例子中，第 2 幅图和第 4 幅图是无法一笔画出的。

如果正好有两个节点有奇数条路径，那么问题就有可能得到解决，也就是要以这两个节点分别为起点和终点。

89. 一笔画正方形

答案如下图所示。

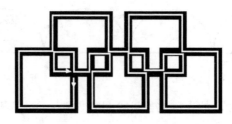

90. 一笔画

答案如下图所示。

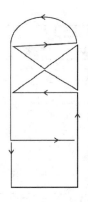

91. 送货员的路线

送货路线如下图中虚线所示即可。

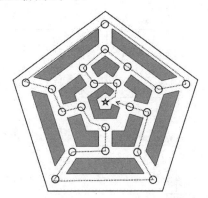

92. 巡逻

答案如下图所示。

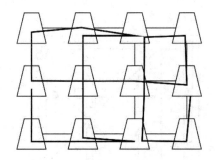

93. 巡逻问题

遗憾的是，当4号骑士到达拐角处时，1号骑士并不在那里。

94. 保安巡逻

答案如下图所示。

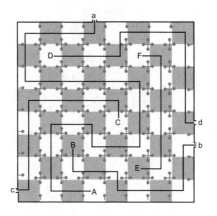

95. 巡视房间

如下图标记所示即可：

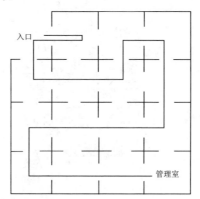

96. 如何通过

如下图所示，撞到墙后再转弯。

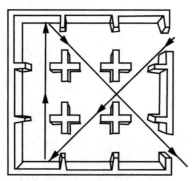

97. 寻宝比赛

路线是：A—G—M—D—F—B—R—W—H—P—Z。只有按这条路线走，才能做到从 A 到 Z 每个城镇走一次而不重复。

98. 消防设备

放在 1 号和 6 号仓库即可。

99. 猫捉鱼

猫的路线是：1、7、9、2、8、10、3、5、11、4、6、12。

100. 寻找骨头

答案如下图所示。小狗从第 8 扇门进去，这样能一次吃完所有的骨头且路线不重复。

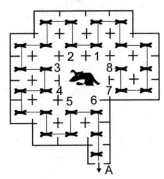

101. 有向五边形

路径是 5、1、2、4、3。

102. 殊途

有 11 条可行的路径。

103. 路径谜题(1)

15 条。表格中这个 4×4 的矩阵显示图中每一点各有几条路可到：

1	1	1	1
3	2	1	2
3	8	10	2
3	3	13	15

104. 路径谜题(2)

从右下角出发，分别是 9+8+5+6+7，和最大。

105. 车费最低

所花车钱最少需要 13 元。走法：A 村、3 元路线、2 元路线、4 元路线、4 元路线、B 村。

106. 穿越迷宫

答案如下图所示。一共有 18 条不同的路线。每个节点处都标出了到达这里不同的路线数。

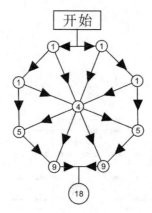

107. 几条路径

只有一条，经过的数字之和是 0+2+2+6+3+5+3+6+3=30，其他的路径都不可以。你找出来了吗？

108. 数字路径

只有一条，经过的数字之和是 5+2+6+2+9+2+7+2+5=40，其他的路径都不可以。你找出来了吗？

109. 路径(1)

一共有 9 种不同的路径，你可以自己数一下。

110. 路径(2)

答案如下图所示。

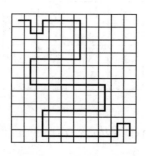

111. 数三角形(1)

我们仍然可以把图中最小的一个三角形看作基本图形,然后用分类的方法进行归类,数出三角形的个数。

由 1 个基本三角形构成的三角形有 9 个;由 4 个基本三角形构成的三角形有 3 个;由 9 个基本三角形构成的三角形有 1 个。所以图中共有三角形 9+3+1=13(个)。

112. 数三角形(2)

上半部分中,由 1 个三角形构成的三角形有 4 个,2 个三角形构成的三角形有 3 个,3 个三角形构成的三角形有 2 个,4 个三角形构成的三角形有 1 个。同理加上下半部分后还可以数出 10 个三角形。所以总共有 20 个三角形。

113. 数三角形(3)

A 图形中共有三角形 3 个;B 图形中共有三角形 8 个;C 图形中共有三角形 15 个;D 图形中共有三角形 24 个。

114. 数等边三角形

一共有 35 个。你数对了吗?

115. 数正方形(1)

有 27 个。你数对了吗?

116. 数正方形(2)

一共有 29 个正方形。

117. 加三角形

答案如下图所示。

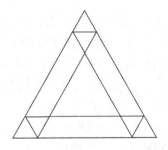

118. 数六边形

共有 28 个。小六边形有 20 个,别忘了还有 8 个大六边形。

119. 数长方形(1)

数图形中有多少个长方形和数三角形的方法一样。长方形由长宽两对线段围成，线段 AB 边上有线段(3+2+1=)6 条，其中每一条与 AC 中一条线段相对应，分别作为长方形的长和宽，这里共有长方形(6×1=)6 个。而大家都知道 AC 边上共有线段(2+1=)3 条，也就有长方形(6×3=)18 个。

归纳起来说，长方形的个数=长边线段的总数×宽边线段的总数。

120. 数长方形(2)

10×6=60 个。你数对了吗？

121. 数长方形(3)

一共有 25 个。你都找出来了吗？

122. 挖正方体(1)

每个被挖出小正方体的位置都增加了 4 个面，面积为 4，6 个小正方体一共增加了 4×6=24 平方单位。

123. 挖正方体(2)

每个被挖出小正方体的体积都为 1，6 个小正方体体积一共为 6 立方单位。大正方体的体积为 3×3×3=27 立方单位，所以挖完以后剩下部分的体积为 27-6=21 立方单位。

124. 挖正方体(3)

相当于挖掉 7 个边长为 1 的小正方体，体积为 7 立方单位。而大正方体的体积为 3×3×3=27 立方单位，所以挖完以后剩下部分的体积为 27-7=20 立方单位。

第三章

125. 圈出的款额

运用条件(2)和条件(3)，经过反复试验，可以发现，只有 4 对硬币组能满足这样的要求：一对中的两组硬币各为 4 枚，总价值相等，但彼此间没有一枚硬币面值相同。各对中每组硬币的总价值分别为：40 美分、80 美分、125 美分和 130 美分。具体情况如下(S 代表 1 美元，H 代表 50 美分，Q 代表 25 美分，D 代表 10 美分，N 代表 5 美分的硬币)：

DDDD DDDH QQQH DDDS

QNNN QNQQ NDDS QNHH

运用条件(1)和(4)，可以看出，只有 30 美分和 100 美分能够分别从两对硬币组中付出而不用找零。但是，在标价单中没有 100。因此，圈出的款额必定是 30。

126. 手心的名字

是 B 的名字。

很明显，因为 A 说：是 C 的名字，C 说：不是我的名字。这两个判断是矛盾的。

所以 A 与 C 两人之中必定有一个人是正确的，一个是错误的。

因为如果 A 正确的话，那么 B 也是正确的，与老师说的"只有一人猜对了"矛盾。

所以 A 必是错误的。

这样，只有 C 是正确的。不是 C 的名字。

因为老师说"只有一人猜对了"，那么说明其他 3 个判断都是错误的。

我们来看 B 的判断，B 说：不是我的名字。而 B 的判断又是错的，那么他的相反判断就是正确的，即是 B 的名字。

所以老师手上写的是 B 的名字。

127. 合租的三家人

老王、李平和美美是一家；老张、杜丽和丹丹是一家；老李、丁香和壮壮是一家。

因为老王的女儿不叫丹丹，那他的女儿一定是美美。又因为老张和李平家的孩子都参加了女子篮球队，说明老张和李平不是一家，而且两家都有女儿，所以老王和李平、美美一家。因为老李和杜丽不是一家的，那么老张和杜丽、丹丹一家，剩下的老李、丁香和壮壮就是一家了。

128. 每个人的课程

	音乐	体育	美术
甲	2	4	3
乙	1	5	2
丙	5	3	4
丁	4	1	5
戊	3	2	1

129. 首饰的价值

这 5 件首饰的价值由大到小的排列为：A、B、E、D、C。

设其中一件首饰的价值为 x，其余的都以 x 表示，即可比较出价值的大小关系。

130. 谁的工资最高

小王最多。我们根据经理的话可以得到下面三个不等式：

① 小王的工资+小李的工资>小赵的工资+小刘的工资

② 小王的工资+小赵的工资>小李的工资+小刘的工资

③ 小王的工资+小刘的工资>小赵的工资+小李的工资

由①+②可推知小王的工资>小刘的工资，由①+③可推知小王的工资>小赵的工资，由②+③可推知，小王的工资＞小李的工资。

所以，小王的工资最高。

131. 消失的扑克牌

原来，第二次出现的牌，虽然看上去和第一次的很相似——都是从 J 到 K，但花色却都不一样。也就是说，第一次出现的六张牌，第二次都不会再出现。不论你选哪一张牌，结果都是一样的。

但是我们为什么会上当呢？因为我们死死地注意其中的一张牌，你的注意力只集中在这一张上面，当然就只看到"它""没有了"。什么"默想"，什么"看着我的眼睛"，都是烟雾和花招。实质就是这么简单。

132. 篮球比赛

A、B、C、D 四个班

列个表，假设 A 的最差情况是赢 1 次、输 2 次。

	A	B	C	D
赢	1	×	×	×
输	2	×	×	×

填写这些×位置的数字，必须遵守以下规则，每横行之和为 6，每竖列之和为 3。有以下两种情况：

(1)

	A	B	C	D
赢	1	3	2	0
输	2	0	1	3

(2)

	A	B	C	D
赢	1	2	1	2
输	2	1	2	1

所以能保证附加赛前不被淘汰，但不能保证出线。

133. 怀疑丈夫

设 a 为 8 点时参加聚会的人分成的组数，则根据条件(1)，这时参加聚会的共有 $5a$ 位。设 b 为 9 点时参加聚会的人分成的组数，则根据条件(2)，这时参加聚会的共有 $4b$ 位，而且 $5a+2=4b$。设 c 为 10 点时参加聚会的人分成的组数，则根据条件(3)，这时参加聚会的共有 $3c$ 位，而且 $4b+2=3c$。设 d 为 11 点时参加聚会的人分成的组数，则根据条件(4)，这时参加聚会的共有 $2d$ 位，而且 $3c+2=2d$。

经过反复试验，得出在第一个和第二个方程中 a、b 和 c 的可能值如下。根据条件(1)，a 不能大于 20。

$5a+2=4b$，$4b+2=3c$。由于 b 在两个方程中必须有相同的值，所以 $b=13$。

于是 $a=10$，$c=18$。由于 $c=18$，所以从第三个方程得：$d=28$。

因此，参加聚会的人数，8 点时是 50 人，9 点时是 52 人，10 点时是 54 人，11 点时是 56 人。

根据条件(1)、(5)和(6)，如果是赵丽丽按原来打算在她丈夫之后一小时到达，那么 8 点时参加聚会的人数就会是 49 人。

根据条件(2)、(5)和(6)，如果是李师师按原来打算在她丈夫之后一小时到达，那么 9 点时参加聚会的人数将会是 51 人。

根据条件(3)、(5)和(6)，如果是王美美按原来打算在她丈夫之后一小时到达，那么 10 点时参加聚会的人数将会是 53 人。

根据条件(4)、(5)和(6)，如果是孙香香原来打算在她丈夫之后一小时到达，那么 11 点时参加聚会的人数将会是 55 人。

在 49 人、51 人、53 人和 55 人这四个人数中，只有 53 人不能分成人数相等的若干个小组(为了能进行交谈，每组至少要有两人)。因此，根据条件(3)和(6)，对自己丈夫的忠诚有所怀疑的是王美美。

134. 三项全能

	跳远	跳高	铅球
一婧	及格	良好	及格
宇华	及格	优秀	良好
长江	优秀	优秀	优秀
雷雷	优秀	优秀	良好

135. 聪明的俘虏

因为在周围的 10 个人都看到了 9 个丝巾，他们猜不出来的原因，就是都看到了 5 个红丝巾、4 个蓝丝巾，所以猜不出自己的是红丝巾还是蓝丝巾。这样唯一的情况，就是中央的人戴的是红丝巾，而被中间的人挡住的那个人戴的丝巾和自己的颜色正好相反。所以，在周围的人就猜不出自己头上丝巾的颜色了。

136. 玻璃球游戏

4 个男孩。

因为每人拿的球中，红>蓝>绿，而每人一共拿了 12 个球，所以红球最少要拿 5 个，最多只能拿 9 个。

红球一共是 26 个，每人至少拿 5 个，所以最多能有 5 个人。

小强拿了 4 个蓝球，那么他最多只能拿 7 个红球了。就算小刚和小明都拿了 9 个红球，他们 3 个也只拿了 25 个红球，少于 26 个，所以至少是 4 个人。

假设是5个人，那就有4个人拿了5个红球，1个人拿了6个红球。

对于拿了5个红球的人来说，蓝球和绿球只有一种选择：4蓝3绿，和只有小强拿了4个蓝球这个条件矛盾。所以是4个人。

拿球的组合情况如下：

男孩名字	红球数	蓝球数	绿球数
小强	5	4	3
小刚	6	5	1
小华	7	3	2
小明	8	3	1

137. 拆炸弹

可以确定的顺序是 D、C、x、x、B。

因为 D 挨着 E，而 E 和 A 又隔一个按钮，所以只能 E 在 D 的后面，而第一个不确定的 x 处为 A，第二个不确定的 x 处，只能是 F 了。

所以，六个按钮上面的标号是：D、E、C、A、F、B。

138. 逻辑顺序

前3个条件排除了120种可能的排列中的118种。最后一个条件在剩下的2种可能中确定了1种(见下图)。

139. 都是做什么的

甲为网球运动员；乙是体操运动员；丙为乒乓球运动员；丁是羽毛球运动员。

因为丙在丁对面，所以在甲对面的只能是乙，这样，乙就是体操运动员。因为丙在丁对面，同时丙右边是女的，所以乙就在丙右边。乙就在丙右边，丁在丙对面，所以丁在乙右边，题目中"羽毛球运动员在乙右边"，丁就是羽毛球运动员。乙就在丙右边，丁在乙右边，那肯定的甲在丁右面，丙就在甲右边。而"乒乓球运动员在网球运动员右边"，所以丙为乒乓球运动员，甲为网球运动员。

140. 谁是冠军

本题可假设小李的说法是真，那小张、小王的说法都正确，与题干"只有一个看法正确"矛盾，所以小李的说法错误。同时小王也不对，再由小王的说法可知冠军就是C。故正确答案为C。

141. 扑克牌

选C。首先看说法(3)，由于有3种牌共20张，如果其中有2种总数超过了19，

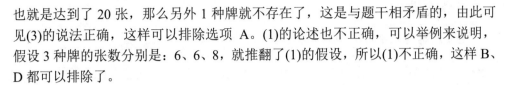

也就是达到了 20 张，那么另外 1 种牌就不存在了，这是与题干相矛盾的，由此可见(3)的说法正确，这样可以排除选项 A。(1)的论述也不正确，可以举例来说明，假设 3 种牌的张数分别是：6、6、8，就推翻了(1)的假设，所以(1)不正确，这样 B、D 都可以排除了。

142. 分别在哪个科室

骨科医生和内科医生住在一起，说明骨科医生和内科医生不是一个人。内科医生和丙医生经常一起下棋，说明丙不是内科医生。外科医生比皮肤科医生年长，比乙医生又年轻，说明皮肤科医生最年轻。甲医生是三位医生中最年轻的，所以甲医生是皮肤科医生，且不是外科医生。三人中最年长的医生住家比其他两位医生远，住得最远的医生是乙，且不是骨科医生和内科医生。从而，我们可以推出以下答案：

甲：皮肤科、内科。

乙：泌尿科、妇产科。

丙：外科、骨科。

143. 老朋友聚会

"乙和丙的车是同一牌子的；丙和丁中只有一个人有车"，说明甲、乙、丙三个人有车，丁没有车。

因为"有一个人三种条件都具备"，而"只有一个人有了自己的别墅"，所以有别墅只能是有车的甲、乙、丙三人中的一个。

这样丁就没有车也没有别墅了，因为"每个人至少具备一样条件"，所以丁有喜欢的工作。

因为"甲和乙对自己的工作条件感觉一样"，而"只有两个人有自己喜欢的工作"，所以丙和丁一样，有喜欢的工作。

既有车又有喜欢的工作的只有丙，那么他就是三个条件都具备的人了。

144. 留学生

首先德国人是医生，而 D 没有当医生，所以排除德国人是 D。

C 比德国人大，可以确定 C 不是德国人，那么德国人不是 A 就是 B。而题目中表明，B 是法官，德国人是医生，那么德国人就只能是 A。

同时，根据第二个条件，也可以排除 C 是美国人，因为美国人年纪最小，怎么可能比别人大？B 是法官，而美国人是警察，也可以排除美国人是 B 的可能性。这样，美国人就只能在 A 和 D 中选择。A 已经确定为德国人，那么 D 就是美国人。

B 是英国人的朋友，那么也可以排除 B 是英国人。

A 是德国人，D 是美国人，而且又肯定 B 不是英国人，那么，C 就只能是英国人了(又因为 A、B、C、D 来自英、法、德、美、四个国家，所以 B 是法国人)。

145. 谁的狗

主人及狗的名字可能的对应关系如下表所示。

主人	黄黄	花花	黑黑	白白
狗	花花、黑黑、白白	黄黄、黑黑、白白	黄黄、花花、白白	黄黄、花花、黑黑

由于条件(4)可知，白白的狗不叫花花，可得如下表所示的对应关系。

主人	黄黄	花花	黑黑	白白
狗	花花、黑黑、白白	黄黄、黑黑、白白	黄黄、花花、白白	黄黄、黑黑

① 若白白的狗叫黄黄，则有如下表所示的对应关系。

主人	黄黄	花花	黑黑	白白
狗	花花、黑黑、白白	黑黑、白白	花花、白白	黄黄

如果黑黑的狗叫花花，由条件(3)知白白的主人是黄黄，这样花花的狗是黑黑，和条件(1)矛盾。

如果黑黑的狗叫白白，那么花花的狗叫黑黑，黄黄的狗叫花花，和条件(2)矛盾。

② 若白白的狗叫黑黑，则：

主人	黄黄	花花	黑黑	白白
狗	花花、白白	黄黄、白白	黄黄、花花、白白	黑黑

由于黄黄的狗并不和叫黑黑的狗的主人用一个名字，可得如下表所示的对应关系。

主人	黄黄	花花	黑黑	白白
狗	花花	黄黄、白白	黄黄、白白	黑黑

由黑黑的狗并不和白白的主人叫同一个名字，可得如下表所示的对应关系。

主人	黄黄	花花	黑黑	白白
狗	花花	白白	黄黄	黑黑

所以，黄黄的狗叫花花，花花的狗叫白白，黑黑的狗叫黄黄，白白的狗叫黑黑。

146. 三个家庭

答题 1：根据条件(2)，A、B 首先应予以排除；根据条件(3)，C、D 也应予以排除。因此，选 E。

答题 2：A 应予排除，因 S 和 T 是同性别的大人，违反已知条件(1)；B 和 E 也应予排除，因为 X 必须和 S 或 U 同一家庭。由条件(1)可知 S、T、V 肯定在第二个家庭或第三个家庭，但 C 中缺 V，故也应排除(当然用此法也可否定 E)。因此，选 D。

答题3：A违反已知条件(2)；E违反已知条件(3)；U和V是同性别的大人，不能是在一家，D应予排除。B也应该排除，因为W、S、U在一家，显然违反了已知条件(3)。因此，应该选C。

答题4：选A。因为参加游戏有两男、三女和四个孩子，根据已知条件(1)，两男分别在两个家庭，三女分别在三个家庭。还有四个孩子必须这样分配，在有男人又有女人的家庭可搭上一个孩子，而没有男人只有一个女人的家庭搭上两个孩子。因此A肯定是对的，其他答案B、C、D不一定对，E则完全错误。

答题5：应选D。选A不行，因为R和S同一个家庭，违反条件(1)。选B不行，因为R和W同一个家庭，违反条件(2)。选C不行，因为X没有和S或U同一个家庭，违反条件(3)。选E不行，因为U和V同一个家庭，违反条件(1)。故选择D。

147. 社团成员

答题1：选C。根据题意与已知条件(4)，很明显C是肯定对的。既然C不能与D在同一个社团，那么，如果C在围棋社，D必定在曲艺社。

答题2：选B。不是C在围棋社，就是D在围棋社(根据已知条件(4))。除此之外，还有一位是A(根据已知条件(3))。而在选项中，这三个人的名字只有C一人出现，因此只能选他了。

答题3：选C。根据题意可推出F与D在同一个社团。既然F与D在一起，那么C就不能跟他在一起，否则违反已知条件(4)。

答题4：选D。类似这种题目，我们只能用排除法来做，看哪个选择完全符合条件才能断定。下面我们一个一个来分析。

先看选项A。如果选项A是正确的，那么根据此选项和已知条件(3)和(4)，我们可以得出，肯定在围棋社的人是C、B和E。但是F没有得到限制，他既可以在围棋社，又可以在曲艺社，这就不可能是唯一可能的分配方案。

再看选项B。由题意和已知条件(3)可推出：E和B在围棋社，F、G和A在曲艺社。尽管我们可以从已知条件(4)知道C与D不在同一个社团，但是我们还是不能确定究竟谁分在哪个社团，因此这也不是唯一的分配方案。

然后我们来看看选项C。根据题意和已知条件(3)，我们可以知道，围棋社里有B、G和E，曲艺社里有A，而C、D和F的位置不能确定，这样就会有更多的选择，因此选项C肯定是错的。

现在我们来看看选项D。根据题意我们可推出参加围棋社的有5人，而参加曲艺社的有2人。既然C在围棋社，那么D肯定在曲艺社根据(已知条件(4))。现在曲艺社只能再进1人，根据已知条件(3)，可推出这个人一定是A，而其余人员只能参加围棋社，这是唯一的分配方案，因此选项D肯定是正确的。

最后我们再看一看选项E。根据题意和已知条件(4)，我们只能推出D和其他3人在曲艺社，C和其他2人在围棋社，其余人员在哪个社团根本无法再推下去，故选项 E 也是错误的。

148. 销售果汁

答题 1：选项 A 既违反已知条件(2)，又违反已知条件(5)。选项 B 违反已知条件(5)。选项 D、E 都违反已知条件(1)。因此，应选 C。

答题 2：你应该立即判定：选 B。因为选项 B 是违反已知条件(4)的。

答题 3：选 C。选项 A 违反已知条件(2)和(5)。根据已知条件(5)，选项 B 是不正确的。如果该箱含有草莓果汁，必定含有苹果果汁，再加上葡萄果汁、橘子果汁，这一箱中便会有多于三种口味的果汁。这就违反了题意和已知条件。选择选项 D、E 都会产生类似于选择选项 B 时出现的问题。像这样的类似题目，你可以根据已知条件(5)直接找苹果果汁，这样就可以提高做题速度。

答题 4：选 A，由橘子果汁、桃子果汁、葡萄果汁装成一箱符合所有的题设条件。选择选项 B、D 违反已知条件(2)。选择选项 C 违反已知条件(2)、(4)、(5)。选择选项 E 违反已知条件(2)、(4)。

答题 5：选 D。根据已知条件(2)，只有选项 B 和 D 有可能对，而选择选项 B 将违反已知条件(5)、(1)和题设条件，故只能选 D。

答题 6：选 A。因为根据已知条件(5)，含有草莓果汁必然含有苹果果汁，又根据已知条件(4)，苹果果汁与桃子果汁不能同时装在同一箱内。再根据已知条件(5)，草莓果汁和桃子果汁也不能装在同一箱内。

答题 7：选 E。理由是：两瓶桃子果汁或再加一瓶橘子果汁，或加上一瓶苹果果汁，或加上一瓶葡萄果汁，或加上一瓶草莓果汁，都会违反题设条件。若加上一瓶橘子果汁，就需加上一瓶葡萄果汁。若加上一瓶葡萄果汁，就需加上一瓶橘子果汁。若加上一瓶苹果果汁，显然违反已知条件(4)。若加上一瓶草莓果汁，就该再加上一瓶苹果果汁。因此，一箱内肯定不能含有两瓶桃子果汁。

149. 成绩高低

答题 1：应选 B。根据已知条件(4)、(5)可排出其中四人的数学成绩好到数学成绩差的顺序：F、G、H、D。由此可见，如果 G 的数学成绩比 H 的数学成绩好，那么 F 的数学成绩肯定比 D 的数学成绩好。

答题 2：应选 C。由已知条件(2)、(3)和本题附加条件可知，C、D、F 和 E 四人中，C 的语文成绩最好，其次是 D 和 F，E 的语文成绩最差，而选项 C 中所示恰恰相反，即 E 的语文成绩好于 C 的语文成绩，所以选项 C 是错误的。

答题 3：应选 D。

答题 4：应选 C。根据已知条件(1)、(5)和本题附加条件可排出下列五人从数学成绩好到数学成绩差的顺序：B、A、X、H、D，这样我们就可以很明显地看出 B 的数学成绩好于 D，因此选项 C 是正确的。而选项 A、B、D 由于条件不充分，推出结果当然也是不可靠的。

150. 公司取名

答题1：选 D。因为在 BOXER 这个单词中已含有字母 X 和 R，因此在第一个和第三个单词中就不能含有这两个字母，而且这两个单词中肯定只能有 1 个字母 T，否则便会违反已知条件(2)，由此看来，选项 A、C、E 都是错的。而选项 B 则违反已知条件。所以选 D。

答题2：选 B。这三个单词之所以不符合一个好的公司名，是因为它们违反了已知条件(3)和(4)，所以要选 B 才能改正过来，这个公司名字的正确形式为：RAM VEX MOTHS。

答题3：选 D。根据已知条件(3)，最后一个单词一定要比第二个单词长，所以第二个单词只可能为 3 个或 5 个字母，不可能是 7 个字母。

151. 选修课程

答题1：选 B。根据已知条件(1)、(3)、(4)和本题的条件，N 只能选修博弈论课程和心理学课程，而不可能再选修经济学课程。

答题2：选 A。此题须用排除法来完成。根据已知条件(4)和本题条件，N 不能再参加经济学课程，因此，选项 B、C 和 E 都是错误的。另外根据已知条件(6)，可推出如果 O 选修了经济学课程，那么 L 也会选修经济学，再加上 K，就会有 5 人选修该课程，不符合本题题意，因此选项 D 也是错误的。故只有选项 A 才是正确的。

答题3：选 E。根据已知条件和本题题意，这 7 个人当中，除了 N，其他人均不可既选修心理学又选修经济学课程。他们要么选修心理学和博弈论课程，要么选修经济学和博弈论课程。根据已知条件(2)，我们可以判断，I 是后一种人。因此选 E 必定正确。根据已知条件(5)，我们还可以看出选项 B 是错误的。当然最明显的错误是选项 D，它明显违反已知条件(1)。而选项 A 也是错误的，因为根据已知条件(6)，O 也必须选修，加上 N、I、M 共有 5 人选修经济学课程，这样就违反了题设条件"经济学课程必须有 3 至 4 人一起选修"的规定，因此是错误的。至于选项 C 有可能对，但不一定对。

152. 成绩排名

答题1：选 A。根据本题题意和已知条件(1)、(2)，可推出 V、P、Q 分别是第五名、第六名和第七名，既然 Q 是最后一名，那么 S 就一定是第一名(根据已知条件(3))，所以选 A 一定对。

答题2：选 C。根据本题题意和已知条件(3)，可知道 R 是第一名，则 T 是最后一名。我们在第一题已经知道 V 肯定在 P 和 Q 之前(根据已知条件(1)和(2))。因此，至少有三人(P、Q、T)在 V 之后，因而他的最差名次不会超出第四名。

答题3：选 E。既然 S 是第二名而不是第一名，那么第一名肯定是 R，最后一名肯定是 T(根据已知条件(3))。由此可见选项 A、B、D 肯定是错的，而选项 C 违反已知条件(1)，因此只有选项 E 有可能是对的。

答题 4：选项 D。根据题意和已知条件(3)，可推出 R、Q、S、T 分别为第一名、第五名、第六名和第七名，而选项 A、B、C、E 都与所推结论相违背，因此只有选项 D 是有可能对的。

答题 5：选 D。由题意和已知条件(3)，可推出 S、R、Q、U，分别是第一名、第二名、第五名和第七名；再由已知条件(1)和(2)可推出 V 和 P 必定分别是第三名和第四名。剩下的 T 只能是第六名。因此选项 D 必定正确。

153. 星光大道

回答这一组问题，需要掌握一个答题技巧：即根据题设条件，从总体上把握。先确定 2 号和 3 号选手，已经被 3 个评委淘汰(H、O、N)；1 号选手已经被两个评委通过(O、N)，被两个评委淘汰(H、J)。知道了这些后面就好回答了。

答题 1：选 E。根据条件(2)，每个评委至少通过 1 名选手。既然 O 淘汰了 2 号和 3 号选手，因而他必然通过 1 号选手。

答题 2：选 C。因为 2 号选手肯定被 H、N、O 三位评委淘汰。

答题 3：选 B。根据条件(3)、(4)，J 淘汰了 1 号选手，O 淘汰了 2 号和 3 号选手，同此他们两人不可能通过同一选手。

答题 4：选 B。若 1 号选手晋级，则由评委 K、L、N 投票通过；若 2 号选手晋级，则由评委 J、K、L、M 投票通过；若 3 号选手晋级，则由评委 J、K、L、M 投票通过。综上所述，3 个选手中某一选手晋级，评委 K 或 L 都投票通过，故选 B。

答题 5：选 D。因为如果评委 M 的态度跟 O 一样，那么 2 号和 3 号选手都必将被淘汰(根据条件(1)、(4)、(6))。同理选项 C 和 E 都是明显错误的。选项 A 和 B 也不一定对。因为肯定通过 1 号选手的只有 3 位评委，他们是 M、N、O。因此 1 号选手可能晋级，也可能被淘汰。

答题 6：选 B。因为 1 号选手已被两人淘汰(H 和 J)，再加上 K 和 L(根据条件(5))，共 4 人投票淘汰，因此必被否定。同理选项 A 是明显错误的。而选项 C、D、E 的结论可能是对的，也可能是错的，这要看评委 J 和 M 的立场如何，本题未表明他们的态度，所以我们也就无法确定 2 号选手或 3 选手是晋级还是被淘汰。

154. 杂技演员

做此题时，先根据已知条件(1)和(2)画出站人位置，这样可以更直观地解答题目。

从图中我们可以看出 5 个成人杂技演员分别站在最底层的 4 个位置和第 2 层中间那个位置上，其余的位置都供儿童杂技演员站立。

答题 1：应选 A。因为这是第 2 层的位置排列，所以除了中间一人是成人杂技演员外，旁边的两人应是儿童杂技演员。由此可先排除选项 B。由本题题意"X 站在 V 的肩膀上"可知，如果 X 站在第 2 层，那么 V 势必站在第 1 层，这样就违反了已知条件(4)，因此选项 C 也是错误的。又由本题题意"M 和 W 肩并肩地站在同一层上"可知：M 就是站在第 2 层中间的那一位成人杂技演员，因此选项 D 和 E 都是错误的。只有 V、M、N 的排列符合所有条件，有可能组成第 2 层的排列，故选 A。

答题 2：应选 A。由本题题意可知，Q 是站在第 2 层中间的那位成人杂技演员；N 不是站在第 1 层的第 2 个位置上，就是站在第 1 层的第 3 个位置上。但是不管 N 站在哪个位置上，根据答案中没有跌倒的所剩人数，可推出 M 站在第 1 层靠边的 1 个位置上。从答案分析的所列图形中可看出，如果 M 跌倒了，那么他上面的 3 个儿童杂技演员也同时跌倒，这样所剩人员将是 3 个大人和 2 个小孩。选项 B、C、D、E 均违反这一条，即所剩小孩人数在 3 个或 3 个以上，因此是错误的。

答题 3：应选 D。从答案分析中，我们已经知道，5 位儿童杂技演员分别站在第 2 层(2 人)，第 3 层(2 人)和第 4 层(1 人)，因此如果 X 和 Z 站在第 2 层，那么 V 和 W 将分别站在第 3 层和第 4 层，这样第 3 层还有一位置可供 Y 站立；如果 X 和 Z 站在第 3 层，那么 V 和 W 将分别站在第 2 层和第 4 层，这样第 2 层有一位置可供 Y 站立，故选 D。

答题 4：应选 E。由题设条件和本题题意可推出 O 是站在第 2 层中间的那位成人杂技演员，N、M、P 站在第 1 层，由 M 将 N 和 P 隔开，因此不管 Q 站在第 1 层哪一边上，M 始终站在中间的位置。即第 2 或第 3 个位置上，而 N 和 P 则有可能站在中间，也有可能站在边上。下面我们来逐个分析排除：由 M 所站位置可看出，如果他跌倒，那么他上面的 1 个成人杂技演员和 4 个儿童杂技演员将同时跌倒，这个结果与选项 A 的结果不符，故选项 A 是错误的。从上面分析可知，我们不能确定 N 和 P 是站在第 1 层中间还是旁边，因此选项 B 和 D 推断的结果也就无法成立。我们已知 O 是站在第 2 层中间的那个成人杂技演员。如果他跌倒，他肩上的 3 个儿童杂技演员也将同时跌倒，因此选项 C 也是错误的。而 Q 是站在第 1 层边上的成人杂技演员，如果他跌倒，那么他上面的 3 个儿童杂技演员也将同时跌倒，选项 E 的推断结果与这一结果相符，因此肯定正确。

答题 5：应选 C。假设 X 和 Y 肩并肩地站在同一层上，由于 X、Y 都是儿童演员，由条件(1)、(4)得知，他们只能站在第 3 层。又因为，W 和 V 均是儿童，他们可以站的位置只能是第 2 层和第 4 层，这就与 W 站在 V 的肩上这一条件不符，所以，X、Y 不能站在第 3 层。综上所述，X、Y 肩并肩地站在同一层是不可能的。

答题 6：应选 A。由本题"W 站在 N 和 P 的肩上"可推出 W 站在第 2 层，N

和 P 站在第 1 层,因为 2 层以上不可能有 2 个成人杂技演员站在同一层上;再由"X 站在 M 和 V 的肩上"可推出:X 站在第 3 层,M 和 V 站在第 2 层,因为 V 是儿童杂技演员,不可能站在第 1 层,否则违反已知条件(4)。本题中 V 和 M 站在同一层,那么一定是第 2 层,因为第 2 层有 1 个成人杂技演员,他就是 M,而第 3 层和第 4 层是不可能出现成人杂技演员的。现在我们已知站在第 2 层上的 3 位杂技演员是 W、M 和 V,其中 W 和 V 不管站在哪一边,M 肯定站在他们中间,因此选项 A 肯定正确,其他选择由于条件不充分而不能推出。

答题 7:应选 C。由题中"N 和 Y 站在 M 的肩膀上"可推出:M 站在第 1 层,N 和 Y 站在第 2 层,N 是站在第 2 层中间的成人杂技演员;由"Z 站在 P 和 O 的肩膀上"可推出:P 和 O 站在第 1 层,Z 站在第 2 层(详细分析见上题)。现在我们已知:站在第 2 层中间的成人杂技演员是 N,Y 和 Z 分别站在 N 的两旁。因此,选项 C 肯定对,其他选项则不一定对。

155. 十张扑克牌

答题 1:应选 D。选项 A、B 和 E 明显违反已知条件(1)和(3)。选项 C 的排列也是错的。如果这样,根据已知条件(3),K 只能统统放在第 4 排,这样就违反了已知条件(2)。只有选项 D 符合所有已知条件。

答题 2:应选 A。因为扑克牌 A 不能放在第 4 排,且 A 的数目又最多,共 4 张,因此这 4 张扑克牌必须放在前三排 6 个位置上。如果选择 B、D、E,第 3 排就会出现 3 张 A,这样就违反了已知条件(2),所以是错误的;如果选择 C,则明显违反了已知条件(3),所以也是错误的;只有选项 A 符合所有条件,而且也只有这种排法才可能避免排其他扑克牌(如 K)时违反已知条件,故选 A。

答题 3:应选 C。由上题我们已知,4 张 A 应排在第 2 排(2 张)和第 3 排(2 张),3 张 K,分别排在第 1 排(1 张)和第 4 排(2 张)。因此我们可以直截了当地选出 2 张 A 与 1 张 J 或 1 张 Q 那个组合就行了。如果你想进一步分析其他选项的错误,你会看出:选项 A 明显违反已知条件(3);选项 B、D、E 会违反已知条件(2)。

答题 4:应选 C。从前二题中我们已知:为了满足所有题设条件,4 张 A 已经占去了第 2 排和第 3 排的 4 个位置,3 张 K 占去了第 1 排和第 4 排的 3 个位置,余下可供 J 和 Q 放的位置只有第 3 排 1 个位置和第 4 排 2 个位置,本题要求 2 张 Q 放在一行内,那么只有第 4 排的 2 个空位可满足这一要求,因此选 C。

答题 5:应选 B。为了满足已知条件(2)和(3),3 张 K 必须分别放在第 1 排(1 张)和第 4 排(2 张)。其实,这一点我们在解答前几题时就已经讲得很清楚了,其他选项则不一定对。

答题 6:应选 C。如果第 1 排是 1 张 A,根据已知条件(3),那么 3 张 K 就只好放在第 4 排,这样便违反了已知条件(2),故一定是错误的。其他选项中,A 和 D 肯定对,B 和 E 也有可能对,详细分析可参见前几题。

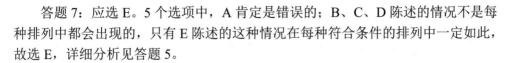

答题 7：应选 E。5 个选项中，A 肯定是错误的；B、C、D 陈述的情况不是每种排列中都会出现的，只有 E 陈述的这种情况在每种符合条件的排列中一定如此，故选 E，详细分析见答题 5。

156. 打扫卫生

答题 1：选 D。选项 A 违反已知条件(5)和(6)；选项 B 和 C 违反已知条件(1)和(3)；选项 E 违反已知条件(3)和(6)；只有选项 D 符合所有条件，故选 D。

答题 2：选学生 A。由题设条件(1)和本题条件可知，学生 B 在星期二打扫卫生；由已知条件(5)可知学生 E 在星期五打扫卫生；再由已知条件(3)可知学生 A 在星期三打扫卫生；最后由已知条件(2)可知，学生 C 不在星期四打扫卫生，故选 A。

答题 3：选 C。由已知条件(2)和本题条件可知，学生 C 在星期四打扫卫生，学生 F 在星期五打扫卫生，故排除选项 B 和 E；由已知条件(3)可知学生 E 在星期三打扫卫生；余下还有星期二和星期六，根据已知条件(5)可推出学生 E 不在星期五打扫卫生，学生 B 也不在星期二打扫卫生，因此学生 B 被分配在星期六打扫卫生；余下的星期二只能分配给学生 D，故选 C。

答题 4：选 E。由已知条件(5)与本题条件可知，学生 E 在星期五打扫卫生；再由条件(3)可知，学生 A 在星期三打扫卫生。除此之外，我们不知道其他人该在哪天打扫卫生，因此学生 F 有可能在星期一，也有可能在星期四或星期六打扫卫生。因此选 E。

157. 两卷胶卷

首先根据题设条件(4)可推出：X 卷照的是彩色照片，供这个候选人获胜时用；Y 卷是黑白照片，供这个候选人落选时用。

答题 1：应选 B。由以上答案分析，我们可以立即推出 B 的结果，当然这是根据已知条件(1)和(4)推出的。

答题 2：应选 A。因为尽管 Y 卷中的底片只有 X 卷的一半(根据已知条件(3))，然而 X 卷中大部分底片即超过二分之一的底片报废无用，因此 Y 卷中有用的底片肯定比 X 卷中有用的底片多。

答题 3：应选 D。

158. 出国考察

答题 1：应选 C。此题可用排除法解：选项 A 和 B 违反已知条件(6)；选项 D 违反已知条件(4)；选项 E 违反已知条件(5)。只有选项 C 符合所有题设条件，故选 C。此题还可用排列组合的方法来解答。根据排列组合原理，组合的种数为 18 种，除去条件限制不能组合的 13 种，能够组合的只剩下 5 种：

J、M、O、R、S

K、M、N、P、R

K、M、N、R、S

K、N、O、R、S

K、M、O、R、S

这里只有选项 C 与其中的一种组合相符合，故选 C。

答题 2：选 E。根据已知条件(4)，三个学生中 P 和 S 是相排斥的，而三人中必须选出两名学生代表，因此不管是 P 还是 S 入选，R 必定入选，因为 P 和 S 不可能同时入选。

答题 3：选 D。根据题设条件和本题条件可以推断，这个考察团的成员将由 P、R、M、N 和 K 五人组成。因为两名学生代表确定后，根据已知条件(5)，可推出两名老师代表是 M 和 N；再根据已知条件(6)，可推出一名校领导代表为 K。因此只有 X 和 Y 的判断对。故选 D。

答题 4：选 D。根据题设条件及本题题意，两个校领导中 J 入选后，K 便不能入选，由此可推出老师中 N 不能入选(已知条件(6))。N 不能入选，0 就一定入选，这样学生代表中 P 不能入选(根据已知条件(5))。因此入选的五位考察团成员肯定是：J、M、O、R、S，而名单中含有 K、N、P 中任何一个人的那份名单均不可能正确。

答题 5：选 E。根据本题题意和已知条件(6)，可知校领导代表为 K。而老师的两名代表既可以是 M 和 N，也可以是 N 和 O，因为不管哪种情况都符合所有条件。因此 E 肯定正确。

答题 6：选 C。因为 J 被选入考察团，K 就不能选入，否则违反已知条件(3)；而 K 不选入，N 也不能选入，否则违反已知条件(6)；N 不选入，O 必被选入，因为老师 3 人中必有两人选上；既然 O 被选入，P 便不能被选入，否则违反已知条件(5)。

159. 操场上的彩旗

答题 1：应选 B。因这一组中，蓝旗子与白旗子毗邻，违反已知条件(3)，因此是错误的。

答题 2：应选 D。选项 A 违反已知条件(4)；选项 B 和 E 违反已知条件(1)；选项 C 违反已知条件(3)；只有选项 D 符合所有条件，故选 D。

答题 3：应选 A。因为选项 B 违反已知条件(1)。选项 C 违反已知条件(1)和(2)，而选项 D 和 E 都违反已知条件(1)。如果要符合所有的题设条件和本题题意，选项 A 是唯一的选择。

160. 乘出租车

答题 1：你最好能一眼看穿选项 A 是正确的。选择 A，将会得到其中的一种组合：儿子、母亲、母亲；儿子、父亲、女儿；儿子、女儿、父亲。这种组合可以满足所有的题设条件。

答题 2：选 B。作为验证，我们将指出选择 A、C、D、E 都是不行的。选择 C，显然违反已知条件(2)。选择 E，显然违反已知条件(3)。选择 D，根据题意和 D 的选择将会产生如下组合：吉姆、珍妮、玛丽；受已知条件(2)的限制，罗伯特不能和埃伦、苏珊同坐一辆车，那么这辆车上将是埃伦、苏珊、威廉(或托米、或丹)；第三辆车上坐的将是罗伯特和他的两个儿子，这就违反了已知条件(3)。选择 A 的情况类似于选择 D。如果选择 A，将会出现如下的情况：吉姆、珍妮同坐一辆出租车；埃伦、苏珊同坐一辆出租车；这样，第三辆出租车上肯定坐的是罗伯特一家人中的三个，这显然也违反了已知条件(3)。

答题 3：选 B。因为这样一来，四个父母辈的人分坐在两辆出租车上，第三辆出租车上坐的全是儿、女辈的人，这就违反了已知条件(2)。

答题 4：选 D。根据题意和条件(2)，P 和 R 的断定肯定是对的。因为，为了满足已知条件(2)和(3)，吉姆家的两个孩子不能坐在同一辆出租车上，罗伯特和玛丽也不能坐在同一辆出租车上。而 Q 的断定有可能对，也有可能错。可能性就不能保证每种组合的绝对正确。因此除选项 D 外，其他选择都是片面的或不一定正确。

答题 5：选 A。由题目我们已知罗伯特家的两个男孩已经跟着吉姆下车了，因此剩下的三个孩子只能是吉姆家的两个女儿和罗伯特家的一个儿子。只有选项 A 和这个结果相符，故选 A。

161. 生病的人

答题 1：应选 C。根据已知条件(2)，L 病不会有喉咙痛的症状，因此，这个病人患的肯定不是 L 病。

答题 2：应选 B。根据已知条件(3)和(4)，患了 T 病的人不一定发皮疹，而患了 Z 病的病人肯定不会发皮疹，但他至少表现出头痛这种症状，因此我们无法判断这个病人究竟患的是哪一种病。但是有一点我们已经知道：患这种病的病人都会有头痛的症状。因此，选项 B 肯定对。

答题 3：应选 E。下面我们逐项地来分析：根据已知条件(2)，可推出米勒得的不是 L 病，因此，选择 A 肯定错。根据已知条件(4)，可推出 Z 病病人可能会表现出喉咙痛，也可能不会表现出喉咙痛这种症状，我们无法断定米勒得的是不是 Z 病。因此，选择 B 和 D 都不行。根据已知条件(1)，我们也可推出同样的结果，即米勒可能患的是 G 病，也可能患的不是 G 病，所以，选项 C 也不对。根据已知条件(3)，可知患 T 病的病人肯定会表现出喉咙痛的症状，而米勒没有喉咙痛的症状，因此，他患的肯定不是 T 病，由此，选项 E 肯定正确。

答题 4：应选 D。根据已知条件和本题题意可推出罗莎患的肯定不是 G 病、L 病和 T 病，那么她患的只能是 Z 病。而患 Z 病的病人必定会头痛而又绝不会发皮疹，因此判断(1)和(2)都是正确的，而判断(3)是错误的。

答题 5：应选 A。根据已知条件(1)和(2)，可推断哈里斯患的肯定不是 G 病和 L 病，那么他患的可能是 T 病或 Z 病。根据已知条件(3)和(4)，哈里斯不管患的是 T 病还是 Z 病，他都会有头痛的症状，所以，判断(1)肯定正确，而判断(2)和(3)则不一定，故选 A。

答题 6：应选 D，根据已知条件(1)，患 G 病的人除了发烧和头痛两种症状外，他还会发皮疹，因此，选项 A 是错误的。根据已知条件(2)，患 L 病的人不会头痛，因此选项 B 也是错误的。根据已知条件(3)，可知患 T 病的人有喉咙痛的症状，因此，选项 C 和 E 都是错误的。根据已知条件(4)，患 Z 病的人除了头痛，还伴有其他一种症状，因此这个病人患的肯定是 Z 病。

162. 密码的学问

答题 1：选 B。我们只要记住已知条件(3)，就可以立即选出正确答案。

答题 2：选 A。自已知条件(2)、(4)、(5)可知，三个字母中 K 和 M 两个字母在这样的条件中是不可能有用处的。因此只有 L 一个字母可用；再根据已知条件(3)，可得知这样的密码文字只有 LL 一种，故选 A。

答题 3：选 C。选项 A 违反条件(2)；选项 B 违反条件(4)；选项 D 违反条件(6)；选项 E 违反条件(4)。故选 C。

答题 4：选 B。既然条件限制在三个字母内，那么根据已知条件(2)、(4)、(5)、(6)，可先排除 K、M、O 三个字母，因此剩下的只有 LLL 及 NNN 两种。

答题 5：选 C。因为用 O 替代 N 后，原来的密码文字变为 MMLLOKO，这样就违反了已知条件(5)，故为错。

答题 6：选 D。遇到这种题目我们可先将这个错误的密码文字找出来，然后再看是否可根据题中所限制的条件将它改正。我们发现，选项 D 中的密码文字明显违反已知条件(4)，但只要将 M 与前三个字母 NKL 任一位置交换即可变成一个完全符合条件的密码文字，因此选 D。

答题 7：选 E。让我们逐个来排除：选项 A 中的 X 一定要 L 替换才能符合已知条件(6)，但这组字母中没有 L，故不行。选项 B 中的密码文字本身就违反了已知条件(4)，因此也不行。选项 C 与 A 同理。选项 D 中的 X 必须由 N 代替才能符合已知条件(5)，而这个密码文字中没有 N 这个字母，因此同样不行。只有选项 E，才能符合所有的已知条件，故选 E。

163. 两对三胞胎

从已知条件中，我们可先推出每对三胞胎都是由二男一女组成，N 和 Q 是兄弟关系，O 和 R 是同胞关系。明白了这一点，我们在推理中可省去不少时间。

答题 1：应选 E。从题意分析中我们已经知道，N 和 Q 是兄弟关系，O 和 R 是同胞关系。M 或 P，可能属于 N 和 Q 这一对，也可能属于 O 和 R 这一对，但是 N、Q 绝不可能是 O、R 的同胞兄弟姐妹。由此可知，R 和 Q 不可能是同胞兄弟姐妹关系。而其他几对都有可能是同胞兄弟姐妹关系。故选 E。

答题 2：应选 E。此题可用排除法一个一个地分析：如果 M 和 Q 是同胞兄弟姐妹，那么我们可以假设 M 是女的，P 是男的，但我们仍不知道 O 或者 R 是不是女的，因此选项 A 是错误的。选项 B 也是错误的，因为 Q 和 R 不可能是同胞兄弟姐妹(分析见答题 1)，因此更不能知道 R 是否一定是女性。如果 P 和 Q 是同胞兄弟姐妹，由此我们可以假设 P 是女的，M 是男的，但我们还是不知道究竟 O 或者 R 是女的，因此选项 C 也是错误的。如果 O 是 P 的小姑，那推断的结果必定是 R 是男性，故选项 D 同样是错误的。在 O 是 P 的小叔这一条件下，我们可以推断在 M、O、R 这对三胞胎中 M、O 都是男性，R 必定是女性。因此选项 E 正确。

答题 3：应选 B。

答题 4：应选 A。根据题意，我们已经知道，N 和 Q 是男性。如果 Q 和 R 结为夫妇，我们可以推断 R 是女的；O 是男性，因此选项 B 和 D 肯定是错误的，而选项 C 和 E 则不一定对，只有选项 A 肯定正确。

答题 5：应选 D。根据已知条件与本题附加条件，可推断出 P、R、O 三人是同胞兄弟姐妹，其中 O 是女的；N、Q、M 三人是同胞兄弟姐妹，其中 M 是女的。由此我们可以看出，除选项 D 之外的其他选项都是错误的。

164. 展厅之间的通道

技巧：你最好能画出一幅平面图，只有依照平面图才能对题目的要求作出直观的理解，才能在 10 分钟之内完成这道题。

平面图如下：

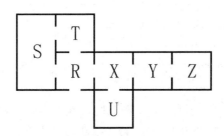

答题 1：从平面图上可以清楚地看出，Z 不可能是从 R 开始进入的第三个房间，要到达 Z，需经过 R、X、Y 三个房间，也就是说，Z 只能是从 R 直接进入的第四个房间。所以，应该选 E。

答题 2：选 A。关掉的或是 R、S 之间的通道，或是 R、T 之间的通道，或是 S、T 之间的通道。

答题 3：选 E。Z 房间只有一条通道与 Y 相通，故进出都需经过 Y。也就是说，进出 Z 都要经过 Y。

答题 4：选 C。对照平面图，你将清楚地看到只要在 T、U 之间开条通道，就可满足题目的要求。参观者的路线将是 R—S—T—U—X—Y—Z。

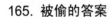

165. 被偷的答案

阿莫斯、伯特和科布三人分别设为 A、B、C。

A、B、C 共上了九节课，其中 B 有一节、C 有二节不是在 D 教授那儿上的，因此必然有一个 C、BC 组合，还剩下六个组合 A、B、ABC、AB、AC、空(其中空不可能出现)另外从中选出三个组合，并要总节数达到六节，ABC 显然是必选的，余下 AB、AC、A、B 从中挑一个含 C 的组合 AC，那么 A 组合不可能再出现，因此这 5 种组合是 C、BC、ABC、B、AC。所以偷答案的是 B。

166. 倒班制度

根据条件(4)和(5)，第一位和第二位实习员工在星期四休假；根据条件(4)和(6)，第一位和第三位实习员工在星期日休假。因此，根据条件(3)，第二位实习员工在星期日值班，第三位实习员工在星期四值班。

根据条件(4)，第一位实习员工在星期二休假。再根据条件(3)，第二位和第三位实习员工在星期二值班。

上述信息可以列表如下("X"表示值班，"—"表示休假)：

星　期	日	一	二	三	四	五	六
第一位实习员工	—		—		—		
第二位实习员工	X		X		—		—
第三位实习员工	—		X		X		

根据条件(2)，第二位实习员工在星期一休假，第三位实习员工在星期三休假。根据条件(5)，第二位实习员工在星期六休假。因此，根据条件(1)，三位实习员工在星期五同时值班。

一星期中其余三天的安排，可以按下述推理来完成。根据条件(2)，第三位实习员工在星期六休假。根据条件(3)，第一位实习员工在星期一、星期三和星期六值班；第二位实习员工在星期三值班；第三位实习员工在星期一值班。

167. 三位授课老师

根据条件(1)，化学老师和数学老师住在一起，说明教化学的老师和教数学的老师不是一个人。

根据条件(3)，数学老师和丙老师是一对优秀的象棋国手，说明丙老师不是数学老师。

根据条件(4)，物理老师比生物老师年长，比乙老师又年轻，说明生物老师最年轻。

根据条件(2)，甲老师是三位老师中最年轻的，所以甲老师是生物老师，且不是物理老师。

根据条件(5)，三人中最年长的老师住家比其他两位老师远，住得最远的老师是乙，且不是化学老师和数学老师。

从而，我们可以得出以下答案：

老师	所教课程
甲老师	生物、数学
乙老师	语文、历史
丙老师	物理、化学

168. 英语竞赛

根据条件(1)，小王、小李和小赵各比赛了两场，因此，从条件(4)得知，他们每人在每一次竞赛中至少胜了一场比赛。根据条件(3)和(4)，小王在第一次竞赛中胜了两场比赛，于是小李和小赵第一次竞赛中各胜了一场比赛。这样，在第一次竞赛中各场比赛的胜负情况如下：

小王胜小张 小王胜小赵(第四场)

小李胜小刘 小李负小赵(第三场)

根据条件(2)以及小王在第二次竞赛中至少胜一场的事实，小王必定又打败了小赵或者又打败了小张。如果小王又打败了小赵，那么小赵必定又打败了小李，这与条件(2)矛盾。所以小王不是又打败了小赵，而是又打败了小张。这样，在第二次竞赛中各场比赛的胜负情况如下：

小王胜小张(第一场) 小王负小赵(第二场)

小李负小刘(第四场) 小李胜小赵(第三场)

在第二次竞赛中，只有小刘一场也没有输。因此，根据条件(4)，小刘是第二场比赛的冠军。

注：由于输一场即被淘汰，各场比赛的顺序如上面括号内所注。

169. 大有作为

答案为：菲利浦是歌手；罗伯特是大学生；鲁道夫是战士。

分析：因为根据条件(2)，可以知道菲利普不是大学生，而根据条件(3)也可以知道鲁道夫不是大学生，所以罗伯特是大学生。而根据条件(1)，罗伯特的年龄比战士的大，条件(2)中，罗伯特比菲利浦的年龄小，那么，鲁道夫就应该是战士。所以菲利浦是歌手。

170. 买工艺品

答题1：选D。

根据已知条件(2)，不能选A。根据已知条件(4)，不能选C。根据已知条件(3)和(5)，不能选B。根据已知条件(6)，不能选E。因此，选D。

答题2：选 C。

因为根据已知条件(5)，T 必须买 4 号工艺品。根据已知条件(6)，W 必须买 6 号工艺品。根据已知条件(3)、(4)和(6)，可以推断 V 将买 3 号工艺品，由此剩下的只能是 1、5、7 号三个工艺品。根据题意 T、V、W 三人每人买两个工艺品。1、5、7 号三个工艺品与 3、4、6 号三个工艺品配对，不可能出现 1 号工艺品与 7 号工艺品搭配的情况，故选 C。

答题3：选 E。

根据题意只能由 S、T、W 号三人来买七个工艺品，而其中有一人买 2 号工艺品后就不可再买其他工艺品，因此，不可能只有一人买三个工艺品。由此看来选项 A、B、C 都是错的。现在我们来看 D、E 两个选项：根据已知条件(6)，W 必须买 6 号工艺品，由此可以推断，他不可能买 2 号工艺品，他必须是买三个工艺品的两人中的其中之一。而且 T 也不可能买三个工艺品，因为如果 S 买了 2 号工艺品，那么 4 号工艺品只能给 T，而 W 不能买 3 号工艺品，这个工艺品又得给 T，这就违反了已知条件(3)。因此只有选项 E 是对的。

171. 左邻右舍

根据条件(1)，每个人的嗜好组合必是下列组合之一：

① 咖啡、狗、网球
② 咖啡、猫、篮球
③ 茶、狗、篮球
④ 茶、猫、网球
⑤ 咖啡、狗、篮球
⑥ 咖啡、猫、网球
⑦ 茶、狗、网球
⑧ 茶、猫、篮球

根据条件(5)，可以排除③和⑧。于是，根据条件(6)，可知②是某个人的三嗜好组合。接下来，根据条件(8)，⑤和⑥可以排除。再根据条件(8)，④和⑦不可能分别是某两人的三嗜好组合；因此①必定是某个人的三嗜好组合。然后根据条件(8)，排除⑦；于是余下来的④必定是某个人的三嗜好组合。

根据条件(1)、(3)和(4)，住房居中的人符合下列情况之一：

A. 打篮球而又养狗

B. 打篮球而又喝茶

C. 养狗而又喝茶

既然这三人的三嗜好组合分别是①、②和④，那么住房居中者的三嗜好组合必定是①或者④，如下表所示：

②	①	④	②	④	①
咖啡	咖啡	茶	咖啡	茶	咖啡
猫	狗	猫	猫	猫	狗
篮球	网球	网球	篮球	网球	网球

根据条件(7)，④不可能是住房居中者的三嗜好组合，因此，根据条件(4)，陈小姐的住房居中。

172. 避暑山庄

从四人的入住时间和离开时间可以很容易得出四人的滞留时间之和是 20 天。

根据条件(1)得知，时间最长的是丁，有 6 天，根据条件(2)和(3)来看，丁虽然入住时间最长，也是从 2 日到 7 日离开的。

假设乙和丙分别滞留了 4 天以下，因为丁是 6 天以下，甲若是 6 天以上，就不是最短的，所以乙和丙都是 5 天。

根据条件(3)可知，丙是从 1 日入住到 5 日。如果乙是从 3 日入住的话，7 日离开，那就与丁重合了，所以乙是从 4 日入住到 8 日。剩下的甲就是从 3 日到 6 日(滞留了 4 天)。

因此，甲是从 3 日入住 6 日离开的；乙是从 4 日入住 8 日离开的；丙是从 1 日入住 5 日离开的；丁是从 2 日入住 7 日离开的。

173. 名字与职业

首先列出所有情况(注：下面的"板"指"老板"，"理"指"理发师"，"医"指"医生"，"师"指"教师"，"职"指"公司职员")：

张三	李四	王五	赵二	孙六
板理医师职	板理医师职	板理医师职	板理医师职	板理医师职

由条件(1)，老板不是王五，也不是赵二。则：

张三	李四	王五	赵二	孙六
板理医师职	板理医师职	理医师职	理医师职	板理医师职

由条件(2)，教师不是赵二，也不是张三。则：

张三	李四	王五	赵二	孙六
板理医职	板理医师职	理医师职	理医职	板理医师职

由条件(3)，王五和孙六住在同一幢公寓，对面是公司职员的家。则：

张三	李四	王五	赵二	孙六
板理医职	板理医师职	理医师	理医职	板理医师

由条件(4)，李四、王五和理发师经常一起出去旅游。则：

张三	李四	王五	赵二	孙六
板理医职	板医师职	医师	理医职	板理医师

由条件(5)，张三和王五有空时，就和医生、老板打牌。则：王五是教师。

张三	李四	王五	赵二	孙六
理职	板医职	师	理医职	板理医

由条件(6)，而且，每隔10天，赵二和孙六一定要到理发店修个脸。则：

张三	李四	王五	赵二	孙六
理职	板医职	师	医职	板医

由条件(7)，公司职员则一向自己刮胡子，从来不到理发店去；而赵二和孙六去理发店。则：

张三	李四	王五	赵二	孙六
理职	板医职	师	医	板医

所以赵二是医生，则：孙六是老板。

张三	李四	王五	赵二	孙六
理职	职	师	医	板

所以李四是公司职员，则：张三是理发师。

从而得出：

张三	李四	王五	赵二	孙六
理	职	师	医	板

174. 谁养鱼

首先确定：

房子颜色：红、黄、绿、白、蓝→C(Color)1、2、3、4、5

国籍：英、瑞、丹、挪、德→N(Nationality)1、2、3、4、5

饮料：茶、咖啡、牛奶、啤酒、开水→D(Drink)1、2、3、4、5

烟：PM、DH、BM、PR、BL→T(Tobacco)1、2、3、4、5

宠物：狗、鸟、马、猫、鱼→P(Pet)1、2、3、4、5

然后有：

由条件(9)→N1=挪威

由条件(14)→C2=蓝

由条件(4)→如 C3=绿，C4=白，与条件(8)和(5)矛盾，所以 C4=绿，C5=白

剩下红黄只能为 C1，C3

由条件(1)→C3=红，N3=英国，C1=黄

由条件(8)→D3=牛奶

由条件(5)→D4=咖啡

由条件(7)→T1=DH

由条件(11)→P2=马

那么，目前的对应关系见下表：

挪威	?	英国	?	?
黄	蓝	红	绿	白
?	?	牛奶	咖啡	?
DH	?	?	?	?
?	马	?	?	?

由条件(12)→啤酒只能为 D2 或 D5，BM 只能为 T2 或 T5→D1=开水

由条件(3)→茶只能为 D2 或 D5，丹麦只能为 N2 或 N5

由条件(15)→T2=BL→BM=T5

所以剩下啤酒=D5，茶=T2→丹麦=D2

这时的对应关系见下表：

挪威	丹麦	英国	?	?
黄	蓝	红	绿	白
开水	茶	牛奶	咖啡	啤酒
DH	BL	?	?	BM
?	马	?	?	?

由条件(13)→德国=N4，PR=T4

所以，瑞典=N5，PM=T3

由条件(2)→狗=P5

由条件(6)→鸟=P3

由条件(10)→猫=P1

得到如下表所示的对应关系：

挪威	丹麦	英国	德国	瑞典
黄	蓝	红	绿	白
开水	茶	牛奶	咖啡	啤酒
DH	BL	PM	PR	BM
猫	马	鸟	?	狗

所以，最后剩下的鱼只能由德国人养了。

175. 谁偷了考卷

由条件(2)、(3)、(5)知道 A、C 都不可能会偷考卷。

由条件(1)知道 A、B、C 至少有 1 个人偷了考卷，那么一定是 B。

由条件(4)知道只有 B 一人，没人与他同案。

176. 写信

不能。由条件(1)知：标有日期的信——用粉色纸写的。由条件(2)知：小王写的信——以"亲爱的"开头。由条件(3)知：不是小赵写的信——不用黑墨水。由条件(3)知：收藏的信——不能看到。由条件(5)知：只有一页信纸的信——标明了日期。由条件(6)知：不是用黑墨水写的信——做标记。由条件(7)知：用粉色纸写的信——收藏。由条件(8)知：做标记的信——只有一页信纸。由条件(9)知：小赵的信——不以"亲爱的"开头。

综上所知：小王写的信——不是小赵写的信——不是用黑墨水——做了标记——只有一页信纸——标明了日期——用粉色写的——收藏起来——小李不能看到。所以，小李不能看到小王写的信。

177. 副经理姓什么

副经理姓张。

过程：

由条件(1)知老陈住在天津。由条件(6)知与副经理同姓的人住在北京。因此，副经理不姓陈。

由条件(5)知副经理的邻居的工龄是副经理的 3 倍。由条件(2)知老张有 20 年工龄，因为 20 不是 3 的倍数，所以副经理的邻居不是老张，而是老孙。

回到条件(6)，与副经理同姓的人住在北京，而老孙是副经理的邻居，再由条件(3)可知，老孙住在北京和天津之间。

因此，由条件(1)和以上结论可知，老张住在北京。

再结合条件(6)可得出结论，副经理姓张。

178. 小王的老乡

姓赵和姓孙的室友属于相同年龄档，姓李和姓周的室友不属于相同年龄档，3 位是 80 后，两位是 90 后。所以姓赵和姓孙的室友是 80 后。

姓钱和姓周的室友的职业相同，姓孙和姓李的室友职业不同，两位在学校工作，其他 3 位在工厂工作。所以姓钱和姓周的室友在工厂工作。因此，在学校工作的 90 后只有小李一人了。所以小王的同乡是小李。

179. 排队

首先根据小孙没有排在最后，而且他和最后一个人之间还有两个人(见条件(1))，可以确定小孙在倒数第四位。根据在小王的前面至少还有四个人，但他没有排在最后(见条件(3))，可以确定小王在倒数第二。根据小李没有排在第一位，但他前后至少都有两个人(见条件(4))，可以确定小李在第四位。根据小赵没有排在最前面，也没有排在最后(见条件(5))，可以确定小赵在第二位。根据小吴不是最后一个人(见条件(2))，可以确定小吴在第一位，剩下一个小张在最后。所以他们的顺序依次是：小吴、小赵、小孙、小李、小王、小张。

180. 四兄弟

由条件(1)、(4)可以推出教师不是老大、老二。由条件(5)、(6)可以推出律师也不是老大、老二。所以，老三、老四是律师和教师，老大、老二是编辑和记者。再由条件(2)、(7)可推出律师是老四，所以教师是老三。由条件(3)、(6)可知，老大是编辑，老二是记者。所以得出答案：老大、老二、老三、老四分别是编辑、记者、教师、律师。

181. 满分成绩

根据条件(3)和(5)，如果小明数学满分，那么他的英语也是满分。根据条件(5)，如果小明物理满分，那么他的英语也是满分。根据条件(1)和(2)，如果小明既不是物理满分也不数学满分，那么他也是英语满分。因此，无论哪一种情况，小明总是英语满分。

根据条件(4)，如果小刚语文满分，那他也是英语满分。根据条件(5)，如果小刚物理满分，那他也是英语满分。根据条件(1)和(2)，如果小刚既不是物理满分也不是数学满分，那他也是英语满分。因此，无论哪一种情况，小刚总是英语满分。

于是，根据条件(1)，小华英语没有满分。再根据条件(4)，小华语文也没有满分。从而根据条件(1)和(2)，小华既数学满分又物理满分。

再根据条件(1)，小明和小刚语文都满分。于是根据条件(2)和(3)，小明数学没有满分。从而根据条件(1)，小刚数学满分。最后，根据条件(1)和(2)，小明应该物理满分，而小刚物理没有得到满分。

182. 夏日的午后

解法一：可用排除法求解。

由条件(1)、(2)、(4)、(5)可知，爸爸、妈妈没有在乘凉，姐姐也没有在乘凉，因此乘凉的只能是弟弟；但这与条件(3)的结论相矛盾，所以条件(3)的前提肯定不成立，即爸爸应该是打电话。在条件(4)中姐姐既没有在看书又没有在乘凉，由前面分析，姐姐不可能在打电话，所以姐姐在洗澡，而妈妈则是在看书。

解法二：我们可以画出4×4的矩阵，然后消元。

	爸爸	妈妈	姐姐	弟弟
乘凉	－	－	－	＋
洗澡	－	－	＋	－
打电话	＋	－	－	－
看书	－	＋	－	－

注意：每行每列只能取一个，一旦取定，同行同列都要涂掉。我们用"－"表示某人对应的此项被涂掉，"＋"表示某人在做这件事。

①　根据题目中的条件(1)、(2)、(4)、(5)我们可以在上述矩阵中涂掉相应项，用"－"表示(可知弟弟在乘凉，妈妈是在看书)。

②　题目中的解为爸爸≠"打电话"，则弟弟≠"乘凉"，那么其逆否命题为：若弟弟＝"乘凉"，则爸爸＝"打电话"。由条件(1)可知，爸爸应该是"打电话"，所以在"打电话"的对应项处画上"＋"。

③　现在观察条件①、②所得矩阵情况，考察爸爸、妈妈、姐姐、弟弟各列的纵向情况，可知在"洗澡"一项所对应的行中，只能在相应的姐姐处画"＋"，即姐姐在洗澡。

至此，此矩阵完成。我们可由此得出判断。

183. 谁偷了珠宝

是甲和丁偷了珠宝。

因为如果乙去了，那么甲肯定没去，而丁也没去。又说是两个人合伙作案，那么丙一定去了，但是根据条件(3)，丁一定会去，出现矛盾，所以乙没有去展厅。那么甲去了，丁也去了。所以作案的是甲和丁两人。

184. 政府要员

是 D 先生。

四个人的座次如下图所示(括号里表示国籍和西装颜色)。

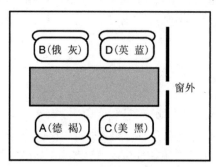

185. 考试成绩

首先可以确定 G 在第四位(见条件(4))。

			G				

因为 B、C、D 三人中 B 最高，D 最低，但不是第八名(根据条件(1))，C 应该高于第七名。F 的名次为 A、C 名次的平均数(见条件(2))，且 B、C、D 中，C 在中间，所以 C 前面至少有 A、B、F 三个，也就是说 C 的位置只能在第五或者第六。假设 C 在第六，D 只能在第七；F 比 E 高四个名次(见条件(3))，只能 F 在第一，E 在第五；这与 F 为 A、C 平均数矛盾。所以 C 只能在第五位。F 是 A、C 的平均数，则 F 在第三位，A 在第一位；F 比 E 高四个名次，E 在第七位；D 不在最后，D 在第六位；B 在第二位，最后剩下 H 在最后。

所以名次顺序为：A、B、F、G、C、D、E、H。

186. 谁被雇佣了

在以下各表中，A 代表甲，B 代表乙，C 代表丙，D 代表丁，G 代表研究生学历，W 代表至少两年的工作经验，V 代表会用 Office 软件，R 代表有符合要求的证书，X 代表满足要求，O 代表不满足要求。

根据条件(4)和(5)可以得到下面的结果。

	A	B	C	D
G				
W				
V		X	X	
R				X

接着，根据条件(2)和(3)，得到下列填好了一部分的四张表。

I

	A	B	C	D
G	X	X		
W			X	X
V		X	X	
R				X

II

	A	B	C	D
G	X	X		
W			O	O
V		X	X	
R				X

III

	A	B	C	D
G	O	O		
W			X	X
V		X	X	
R				X

IV

	A	B	C	D
G	O	O		
W			O	O
V		X	X	
R				X

在表Ⅳ中，没人能同时满足 G 和 W 这两项要求。所以根据条件(1)，把表Ⅳ排除。

根据条件(1)，可在表Ⅰ、Ⅱ和Ⅲ中填上一些 O，从而得到如下几张表：

V

	A	B	C	D
G	X	X	O	
W		O	X	X
V	O	X	X	O
R			O	X

VI

	A	B	C	D
G	X	X	O	
W			O	O
V	O	X	X	
R				X

VII

	A	B	C	D
G	O	O		
W		O	X	X
V		X	X	O
R			O	X

还是根据条件(1)，在表Ⅴ、Ⅵ和Ⅶ中，都可以各填上一个 X，其余的位置填 O，从而得到如下几张表：

Ⅷ

	A	B	C	D
G	X	X	O	O
W	X	O	X	X
V	O	X	X	O
R	O	X	O	X

Ⅸ

	A	B	C	D
G	X	X	O	O
W	O	X	O	O
V	O	X	X	O
R	O	X	O	X

Ⅹ

	A	B	C	D
G	O	O	X	
W		O	X	X
V		X	X	O
R			O	X

根据条件(1)，由于在表Ⅹ中没人能同时满足 G 和 V 这两项要求，所以把表Ⅹ排除。

至此，从表Ⅷ、Ⅸ中已可看出，只有乙比其他三人能满足更多的要求，所以被雇用的是乙。

187. 电话线路

首先可以确定的是：E 镇与 A 镇之间有电话线路，因为 A 镇同其他五个小镇都有电话线路，那当然包括 E 镇在内了。

其余的是哪两个小镇呢？我们从 B、C 两个小镇开始推理。

设：B、C 两个小镇之间没有电话线路。那么，B、C 两镇必然分别可以同 A、D、E、F 四个小镇通电话。如果 B、C 两镇分别同 A、D、E、F 四个小镇通电话，那么只有三条电话线路的 D、E、F 三个镇就只能分别同 A、B、C 三个镇通电话。如果是这样，那么在 D、E、F 之间是不能通电话的。但是，已知 D 镇与 F 镇之间有电话线路，因此 B、C 之间没有电话线路的假设是不能成立的。换句话说，B、C 两小镇之间有电话线路。

那么，有 4 条线路的 B 镇和 C 镇又可以同哪些小镇通电话呢？

从以上的推理中得知：B 镇、C 镇分别同 A 镇有电话线路，而它们相互之间又有电话线路。另外的两条线路是通向哪里的呢？假设 B 镇的另外两条线路中的一条通 D 镇，一条通 F 镇；C 镇的电话线路也是一条通 D 镇，一条通 F 镇。如果这个假设成立，那么 D 镇、F 镇就将各有四条线路通往其他小镇。但是，我们知道，D、F 两镇都只同三个小镇有电话联系，所以上述假设不能成立。

假设：B、C 两镇同 D、F 镇之间都没有电话线路。如果这个假设成立，那么 B、C 两镇就只有三条线路同其他小镇联系，这又不符合 B、C 各有四条电话线路的已知条件。所以，以上的假设也不成立。从以上的分析只能推出 B、C 两镇各有一条电话线路通向 E 镇。B 镇的另一条线路或者通向 D 镇，或者通向 F 镇，C 镇的另外一条线路或者通向 D 镇，或者通向 F 镇。而对于 E 镇来说，它肯定可以同 A、B、C 三个小镇通电话。

188. 教职员工

由于教授和讲师的总数是 16 名，从条件(1)和(4)得知：讲师至少有 9 名，男教授最多是 6 名。于是，按照条件(2)，男讲师必定不到 6 名。

根据条件(3)，女讲师少于男讲师，所以男讲师必定超过 4 名。

根据上述推断，男讲师多于 4 名少于 6 名，故男讲师必定正好是 5 名。

于是，讲师必定不超过 9 名，从而正好是 9 名，包括 5 名男性和 4 名女性，于是男教授则不能少于 6 名。这样，必定只有 1 名女教授，使得总数为 16 名。

如果把一名男教授排除在外，那么与条件(2)矛盾；把一名男讲师排除在外，那么与条件(3)矛盾；把一名女教授排除在外，那么与条件(4)矛盾；把一名女讲师排除，那么与任何一条都不矛盾。因此，说话的人是一位女讲师。

189. 六名运动员

从 A、B 中至少去一人(见条件(1))，那么可能有的情况：A 去 B 不去，A 不去 B 去或者 A、B 都去。

如果 A 去 B 不去，那么"A、D 不能一起去"(见条件(2))，即 D 不能去，同时"B、C 都去或都不去"(见条件(4))，那么 C 不去，而"C、D 中去一人"(见条件(5))就不成立。与题目矛盾。

如果 A 不去 B 去，那么 C 也会去，D 就不会去，E 也就不去(见条件(6))。如果 A、E 都不去，那么 A、E、F 中最多只能有一个人 F 去。与题目矛盾。

所以 A、B 都去，那么 C 也会去，D 不去，E 也不去，所以 A、E、F 中就是 A 和 F 两个人去。所以去的人是：A、B、C、F。

190. 相识纪念日

根据条件(1)和(2)，杰瑞第一次去健身俱乐部的日子必定是以下二者之一：

A. 汤姆第一次去健身俱乐部那天的第二天。

B. 汤姆第一次去健身俱乐部那天的前六天。

如果 A 是实际情况，那么根据条件(1)和(2)，汤姆和杰瑞第二次去健身俱乐部便是在同一天，而且在 20 天后又是同一天去健身俱乐部。根据条件(3)，他们再次都去健身俱乐部的那天必须是在二月份。可是，汤姆和杰瑞第一次去健身俱乐部的日子最晚也只能分别是一月份的第六天和第七天；在这种情况下，他们在一月份必定有两次是同一天去健身俱乐部：1 月 11 日和 1 月 31 日。因此 A 不是实际情况，而 B 是实际情况。

在情况 B 之下，一月份的第一个星期二不能迟于 1 月 1 日，否则随后的那个星期一将是一月份的第二个星期一。因此，杰瑞是 1 月 1 日开始去健身俱乐部的，而汤姆是 1 月 7 日开始去的。于是根据条件(1)和(2)，他们两人在一月份去健身俱乐部的日期分别为：

杰瑞：1 日、5 日、9 日、13 日、17 日、21 日、25 日、29 日。

汤姆：7 日、12 日、17 日、22 日、27 日。

因此，汤姆和杰瑞相遇于 1 月 17 日。

191. 谁拿了我的雨伞

由已知条件可知：

甲拿走的雨伞只可能是丙或戊的。

乙拿走的雨伞只可能是甲或戊的。

丙拿走的雨伞只可能是甲或丁的。

丁拿走的雨伞只可能是甲或乙的。

戊拿走的雨伞只可能是乙或丙的。

假设甲拿走的是丙的，那么戊拿走的只能是乙的，丁拿走的只能是甲的，丙拿走丁的，乙拿走戊的。这样，乙和戊就相互拿了雨伞，与条件不符。

所以甲只有拿走了戊的，乙拿走了甲的，丙拿走了丁的，丁拿走了乙的，戊拿走了丙的。这样才符合条件。

192. 是人还是妖怪

第一个问题：你神志清醒吗？回答"是"就是人，回答"不是"就是妖怪。或者问：你神经错乱吗？回答"不是"就是人，回答"是"就是妖怪。

第二个问题：你是妖怪吗？回答"是"就是神经错乱的，回答"不是"就是神志清醒的。或者问：你是人吗？回答"是"就是神志清醒的，回答"不是"就是神经错乱的。

193. 问路

走第三条路。

如果第一个路口的人说的是真话，它就是出口，那么第二个路口的人说的话也是正确的，这和"只有一句话是真话"相矛盾。

如果第一个路口的人说的是假话，第二个路口的人说的话是真的，那么它们都不是下山的路，所以正确的路就是第三条。

194. 回答的话

被问者只能有两种回答，"有"或者"没有"。如果被问者回答的是"有"，那么路人不能根据这句话判断他们中是否有诚实部落的人。如果答案是"没有"，就说明被问者是说谎部落的人，而另一个就是诚实部落的人，因为被问者不会在自己是诚实部落的人的情况下回答"没有"的。因此路人得出了判断，所以被问者回答的就是"没有"。

195. 爱撒谎的孩子

如果第二天说的是真话，那么第一天和第三天的也都是真话了，存在矛盾，所以第二天肯定是谎话。

如果第一天说的是谎话，那么星期一和星期二两天里必然有一天是说真话的。同理，如果第三天说的是谎话，那么星期三和星期五两天里也必然有一天说真话。这样，第一天和第三天的两句话不可能都是谎话，说真话的那一天是第一天或第三天。

假设第一天说的是真话，因为第三天说的是谎话，所以第一天是星期三或星期五，第二天是星期四或星期六，这样就使得第二天说的也是真话了，存在矛盾。

所以第一天和第二天说的是谎话，第三天说的是真话。因为第一天说的是谎话，所以说真话的第三天是星期一或星期二，又因为第二天不能是星期日，所以第三天只能是星期二，也就是第一天是星期日，第二天是星期一，第三天是星期二；他在星期二说真话。

196. 今天星期几

设这两个部落的人分别为 A、B，分为以下四种情况讨论。

(1) A、B 说的都是真话。A、B 在同一天说真话只能在星期日，但是星期日 B 成立，A 不成立，所以这种情况不可能。

(2) A、B 说的都是谎话。但是在一周内 A、B 不可能同一天说谎话。所以这种情况不可能。

(3) A 说的是真话，B 说的是谎话。A 在每周二、四、六、日说真话，B 在每周二、四、六说谎话。A 只有在周日说真话时，前天(周五)才是他说谎话的日子，但是这天 B 应该说真话。所以这种情况不可能。

(4) A 说的是谎话，B 说的是真话。A 在每周一、三、五说谎话，B 在每周一、三、五、日说真话。在周三、五、日都不符合，因为在周三时 B 在说真话，而周三的前天(周一)在说真话，但是 B 对外地人用真话说自己周一说谎话，相互矛盾。同理，周五也矛盾。所以只有周一符合。周一时，B 用真话对外地人说自己前天(周

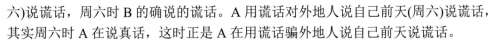

六)说谎话，周六时 B 的确说的谎话。A 用谎话对外地人说自己前天(周六)说谎话，其实周六时 A 在说真话，这时正是 A 在用谎话骗外地人说自己前天说谎话。

综上所述，这一天只能是周一。

197. 真话和谎话

假如小江的话是真的，那么小华的话就是假。相反，如果小江的话是假的，那么小华的话就是真话。据此推测，小江和小华之间必定有一人在撒谎。以此类推，五人中应该有三人在撒谎。

198. 该释放了谁

一人，仅释放了 D，其余全说了谎。

199. 寻找汉奸

第 1999 人。

200. 假话与真话

问题 1 选 B，问题 2 选 A。用假设法即可得出答案。

201. 天堂和地狱

随便问一个人，"如果我问另一个人这样的问题：'去天堂应该走哪条路？'他会指给我哪条路？"然后根据他的答案走相反的那条路就可以到达了。或者指着其中的一条路问其中的一个人："你认为另外一个人会说这是通往天堂的路吗？"由于他们的回答必须糅合自己和另外一个人的观点，所以他们的答案是一样的，并且都是错误的。如果你指的正好是去天堂的路，那么他们都会回答"不是"；如果是去地狱的路，那么他们都回答"是"。

当然，还有类似的其他问法。

202. 现在是几月

7 个人的观点如下：

小红：一月。小华：三月。小刘：二月。小童：四月。小明：五月。小芳：四月到 12 月。小美：除了 11 月外的其他月。

综上所述，除了 11 月外，都不止一个人说到，所以，今天是 11 月，小芳说得对。

203. 出门踏青

丙去了玉渊潭。

204. 鞋店

哥哥的手艺用 a 表示，弟弟的手艺用 b 表示，就有 $a=1000b$、$b=10000a$，只能 $a=b=0$。就是说他根本不会做鞋，既然他根本不会做鞋，那你还让他做，只能吃哑巴亏了。

205. 坐座位

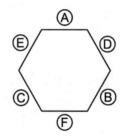

206. 学生籍贯

A。

207. 时晴时雨

根据条件(3)、(4)可知，下午下雨的日子比上午下雨的日子多1天，而且上午或下午下雨的情况有7次，所以上午下雨3次，下午下雨4次。

所以红红一共住了4+5=9天。

208. 猜数字

能。这4个数字是2、5、6、8。

先列出4人猜的情况。甲猜对了2个数，可能是2和3、2和4、2和5、3和4、3和5、4和5。

乙猜对了1个数，可能是(1、3、4、8)中的1个数，他未猜的4个数(2、5、6、7)中有3个数是纸条上的数。

丙猜对了2个数，可能的组合为1和2、1和7、1和8、2和7、2和8、7和8。

丁猜对了1个数，可能是(1、4、6、7)中选取1个数，他未猜的4个数(2、3、5、8)有3个数是纸条中的数。

8个数字中，甲与丙都猜了的数字是2，两人都没有猜的数字是6。

8个数字中，乙与丁都猜了的数字是1、4，两人都没有猜的数字是2、5。

我们先假设2不是纸条上的数。那么从乙未猜的数字中可得出5、6、7是纸条上的数字；同时从丁未猜的数字中可得出3、5、8是纸条上的数字；这样纸条上的数字就会有5个，分别是3、5、6、7、8。显然，推论与题干中纸条上只有4个数字相矛盾，因此假设是错的，也就是说2是纸条上的数字。用同样的方法可推出5也在纸条上。

再假设1在纸条上，那么从乙猜的数字中可得出3、8不在纸条上。同时，从丁猜的数字中可得出4、6、7不在纸条上。这样不在纸条上的数字有5个，分别是3、4、6、7、8，纸条上只能有3个数字，显然也不正确。所以假设错误，1不在纸条上。用同样的方法，可推出4不在纸条上。

我们知道了 2、5 在纸条上,从甲猜测对了两个数字可知 3、4 不在纸条上。这样,在纸条上的数字可能是 2、5、6、7、8 中的 4 个。

最后,我们来看丙猜的情况,从他猜测的 4 个数可知 7 与 8 只能有一个数在纸条上。如果 7 在纸条上,那么纸条上的数为 2、5、6、7。我们发现丁猜对了 6、7,显然与题干矛盾。再来检验 8,发现刚好能符合条件。

所以,只有一种可能,纸条上的数字是 2、5、6、8。

209. 谁做对了

选 C。此题使用假设法,假设张燕做对了,那么王英、李红都做错了。这样,王英说的是正确的,李红、张燕说的都错了,符合条件,答案为 C。

210. 猜明星的年龄

选 B。此题可用排除法。四人中只有一个人说对,若甲对,则乙、丙、丁都应不对,推知丁的说法也对,与假设矛盾,因此可将选项 A 排除。同理乙也不可能对。若丁对,则不能排除甲、乙,因此选项 D 可排除。若丙对,则丁有可能不对。如果 B 项成立,则丙的说法一定成立,符合题意。因此可判断选项 B 为正确答案。

211. 猜颜色

因为五个人都猜对了一瓶药丸,并且每人猜对的颜色都不同。所以猜对第一瓶的只有丙,也就是说第一瓶是红色。那么第五瓶就不是黄色的,所以第五瓶只能是蓝色。戊说的第二瓶是黑色的也就不对了。既然第二瓶不是黑色的,那就应该如甲所说,第三瓶是黑色的。所以第二瓶就不能是蓝色的,只有第二瓶是绿色的了。

所以:第一瓶是红色药丸,第二瓶是绿色药丸,第三瓶是黑色药丸,第四瓶是黄色药丸,第五瓶是蓝色药丸。

212. 谁被录用了

因为只有一个人的预测是正确的,而甲乙都说 A 有希望,所以 A 不可能。也就是说丁预测正确。所以甲、乙、丙三人预测的都是错误的。所以只有没有提到的 D 被录用了。

213. 北美五大湖

因为每个人都说对了一个,所以假设 2 号是苏必利尔湖,那么 3 号就不是休伦湖。而戊所说的 2 号是休伦湖,5 号是苏必利尔湖就都不正确了。所以甲说的后半句是正确的,也就是 3 号是休伦湖。根据丁的话,确定 4 号是安大略湖。根据乙的话,确定 2 号是伊利湖。再根据戊的话,确定 5 号是苏必利尔湖。最后 1 号是密歇根湖。

所以,1、2、3、4、5 号分别是密歇根湖、伊利湖、休伦湖、安大略湖、苏必利尔湖。

214. 汽车的颜色

如果是黑色的，那么三句话都是正确的。如果是银色的，那么前两句是正确的，第三句是错误的。如果是红色的，那么三句都是错误的。所以只有银色符合条件。

215. 谁是间谍

假设 1：假设丙是间谍，即丙句句是假，则丙必定不来自荷兰，因为乙说丙来自荷兰，那么乙也说了假话，则甲句句为真。

当甲句句为真时：

甲说乙为刚果，丙也说乙为刚果，丙也说了真话，故矛盾。

所以，丙不是间谍。

假设 2：假设乙是间谍，即乙句句是假，因乙说丙来自荷兰，那么丙一定不来自荷兰。而丙自述自己来自荷兰，那么丙说了假话，则甲句句为真。

当甲句句为真时：

甲自述来自阿拉伯，乙说"他肯定说他来自阿拉伯"乙说了真话，故矛盾。

所以，乙不是间谍。

假设 3：假设甲是间谍，即甲句句为假。

当丙是好人时，即丙句句为真时，乙便来自刚果，甲也说乙来自刚果，甲说了真话，故矛盾。

当乙是好人时，即乙句句为真时，则丙半真半假。

甲句句是假，甲自述来自阿拉伯，故甲不来自阿拉伯。

乙句句是真，乙说："……他肯定说他来自阿拉伯。"甲的确说谎了，乙没说错，乙说了真话，而且句句是真。

结论是：甲是间谍，乙是好人，丙是从犯。

216. 谁是罪犯

问题 1 选 A，问题 2 选 B。

问题 1：只有一个人讲的是真话，很明显乙和丁所说的矛盾，必有一真一假。所以甲说的是假的，所以甲是罪犯。

问题 2：只有一个人讲的是假话，很明显乙和丁所说的矛盾，必有一真一假。所以丙说的是真的，所以乙是罪犯。

217. 谁是盗窃犯

不管 A 是盗窃犯或不是盗窃犯，他都会说自己"不是盗窃犯"。

如果 A 是盗窃犯，那么 A 是说假话的，这样他必然说自己"不是盗窃犯"。

如果 A 不是盗窃犯，那么 A 是说真话的，这样他也必然说自己"不是盗窃犯"。

在这种情况下，B 如实地转述了 A 的话，所以 B 是说真话的，因而他不是盗窃犯。C 有意地错述了 A 的话，所以 C 是说假话的，因而 C 是盗窃犯。至于 A 是不是盗窃犯是不能确定的。

218. 女朋友

如果汤姆的女朋友是蕾切尔，那么李雷所猜的第三句也肯定是对的。所以汤姆的女朋友一定不是蕾切尔，排除 A、B 选项。根据 C、D 选项，罗斯的女朋友是蕾切尔，这样李雷所猜的第三句话是错的，第一句话也是错的，那么第二句就一定是正确的。所以托尼的女朋友是莫妮卡。选 D。

219. 自杀还是谋杀

分别假定陈述(1)、陈述(2)和陈述(3)为谎言，则麦当娜的死亡原因如下：

陈述(1)如果为谎言，那么为谋杀，但不是乙干的。

陈述(2)如果为谎言，那么为乙谋杀。

陈述(3)如果为谎言，那么为意外事故。

以上显示，没有两个陈述能同时为谎言。因此，要么没有人说谎，要么只有一人说了谎。

根据警探所说，不能只是一个人说谎。因此，没有人说谎。

由于没有人说谎，所以既不是谋杀也不是意外事故。因此，麦当娜死于自杀。

注：虽然警探所说是真话，但(1)和(2)也都是真话，麦当娜居然是死于自杀，这似乎有点奇怪。存在这种情况的理由是：当一个陈述中的假设不成立的时候，不论其结论是正确还是错误，这个陈述作为一个整体还是正确的。

220. 女子比赛结果

答案 D。甲和丙的预测相矛盾，其中必有一真，这样，丁和乙都预测错误，也就是说辽宁队前三名不只拿了一个，辽宁队和山东队都没拿到第一名，这样可知前三名顺序是：河北、辽宁、辽宁。答案为 D。

221. 找出死者和凶手

根据陈述中的假设，(1)和(2)中只有一个能适用于实际情况。同样，(3)和(4)、(5)和(6)，也是两个陈述中只有一个能适用于实际情况。

根据陈述中的结论，(2)和(5)不可能都适用于实际情况。因此，能适用于实际情况的陈述组合是下列组合中的一组或几组：

A. (1)、(4)和(5)　　　B. (1)、(3)和(5)
C. (1)、(4)和(6)　　　D. (1)、(3)和(6)
E. (2)、(4)和(6)　　　F. (2)、(3)和(6)

如果上面的 A 组能适用于实际情况，那么根据(1)的结论，凶手是男性；根据(4)的结论，受害者是女性；可是根据(5)的假设，凶手与受害者性别相同。因此 A 组不适用。

如果上面的 B 组能适用于实际情况，那么根据有关的假设，凶手与受害者有亲缘关系而且职业相同、性别相同。这与各个家庭的组成情况有矛盾，因此 B 组不适用。

如果上面的 C 组能适用于实际情况，那么根据有关的结论，凶手是男性，受害者是个女性医生。接着根据(1)和(4)的假设，凶手是律师，凶手与受害者有亲缘关系。这与各个家庭的组成情况有矛盾，因此 C 组不适用。

如果上面的 D 组能适用于实际情况，那么根据(1)的结论，凶手是男性；根据(3)的结论，受害者也是男性；可是根据(6)的假设，凶手与受害者性别不同。因此 D 组不适用。

如果上面的 E 组能适用于实际情况，那么根据(2)的结论，凶手是医生；根据(6)的结论，受害者也是医生；可是根据(4)的假设，凶手与受害者职业不同。因此 E 组不适用。

因此只有组能适用于实际情况。根据有关的结论，凶手是医生，受害者是男性医生。于是根据(6)的假设，凶手是女性。接着，根据各个家庭的组成情况，凶手只能是丙。(2)的假设表明，受害者是乙，而且，(3)的假设和(2)、(6)的结论相符合。

第四章

222. 平分图形

答案如下图所示。

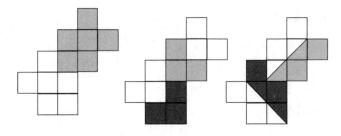

223. 二等分

答案如下图所示。

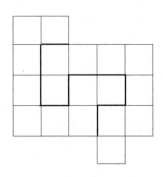

224. 连接的图形

答案如下图所示。

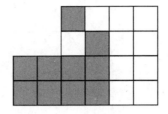

225. 三等分

答案如下图所示。

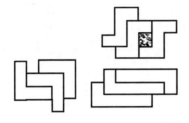

226. 平分图形

答案如下图所示。

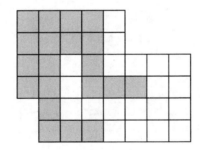

227. 分图形

答案如下图所示。

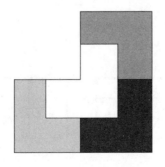

228. 四等分图形

答案如下图所示。

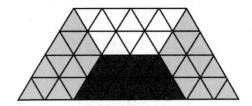

229. 四个梯形

答案如下图所示。

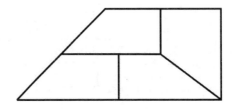

230. 分成两份

共有 7 种分法，分别如下图的各个分图所示。

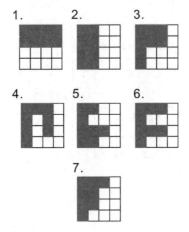

231. 四等分

答案如下图所示。

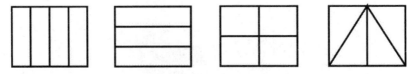

232. 如何切割拼出正方形

答案如下图所示。

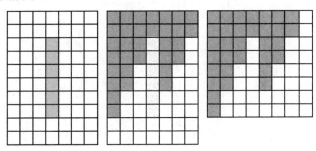

233. 丢失的正方形

5 小块中最大的两块对换了一下位置之后，被那条对角线切开的每个小正方形都变得高比宽大了一点点。这意味着这个大正方形不再是严格的正方形。

它的高增加了，从而使得面积增加，所增加的面积恰好等于那个洞的面积。

234. 怎么多了一块

用相似三角形求比的时候，你会发现小三角形和大三角形的斜边的斜率是不一样的。也就是说，中间的那条斜线并不是直线，有些部分是重叠的，而有些部分是空缺的。这就解释了为什么会多出一块方格。

235. 长方形变正方形

答案如下图所示。

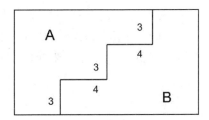

236. 切割双孔桥

答案如下图所示。

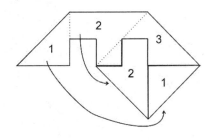

237. 拼桌面

答案如下图所示。

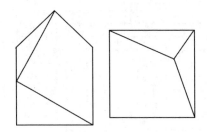

238. 裁剪地毯

答案如下图所示。

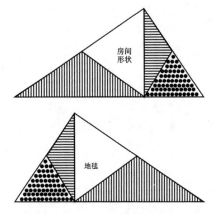

因为只有等腰三角形翻过来才能和原来形状一样，所以裁剪方法如上图所示，先作一条垂线，然后分别连接两腰的中点，这样分成四份，构成了四个等腰三角形，然后分别翻过来，放在房间的对应位置上，缝起来即可。

239. 表盘分割

按如下图所示进行分割即可。

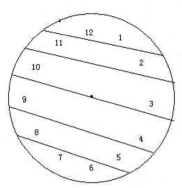

240. 切蛋糕

答案如下图所示。

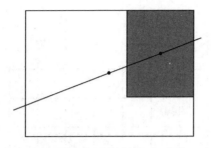

将完整蛋糕的中心与被切掉的那块蛋糕的中心连成一条线。这个方法也适用于立方体。请注意，切掉的那块蛋糕的大小和位置是随意的，不要一心想着自己切生日蛋糕的方式，要跳出这个圈子。

241. 分月亮

答案如下图所示。

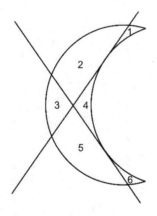

242. 幸运的切割

答案如下图所示。

数学与逻辑(第2版)

243. 兄弟分家

按照如下图所示进行分割即可。

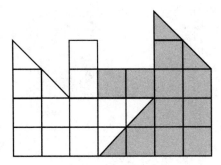

244. 分地

答案如下图所示。

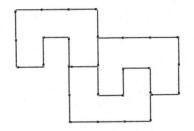

245. 分土地

分法如下图所示。

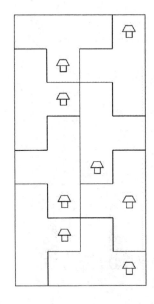

244

246. 四兄弟分家

分法如下图所示(这只是其中一种情况)。

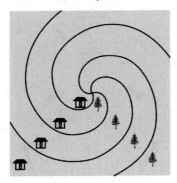

247. 分遗产

分法如下图所示即可：

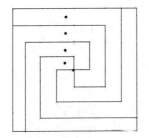

248. 财主分田

答案如下图所示。

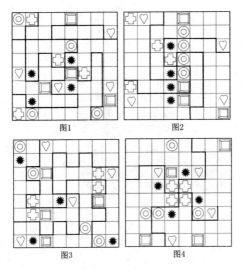

249. 修路

修成如下图所示即可满足条件。

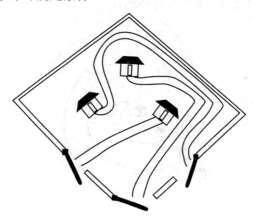

250. 四等分

答案如下图所示。

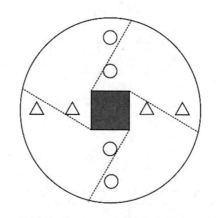

251. 平分五个圆

如下图所示,画出几个圆来辅助就能轻松地将五个圆分成面积相等的两部分。

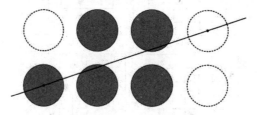

252. 拼图形

有 14 种。大家可以自己用纸片拼一下试试。

253. 七巧板(1)

拼法如下图所示。

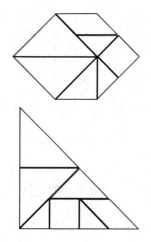

254. 七巧板(2)

拼法如下图所示。

255. 拼图游戏(1)

拼法如下图所示。

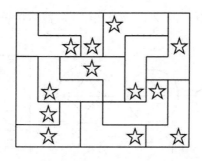

256. 拼图游戏(2)

拼法如下图所示。

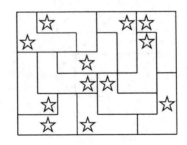

257. 拼桌面

如下图切成三块，②不动，把①放在②的右侧，③放在②的下面，就可以拼成一个正方形了。

分割及拼装方法如下图所示。

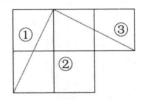

258. 八边形变八角星

分割及拼装方法如下图所示。

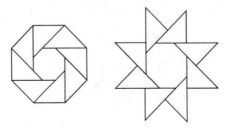

259. 只准一刀

把两个图形叠起来剪(见图2)，一刀就行了。然后再拼起来，便是正方形了(见图3)。

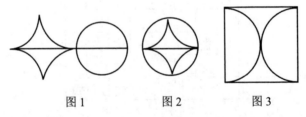

图1   图2   图3

260. 残缺变完整

剪切、拼装方法如下图所示。

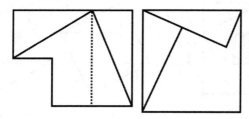

261. 拼正方形(1)

剪切、拼装方法如下图所示。

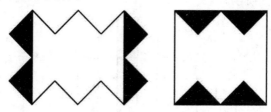

262. 拼正方形(2)

剪切、拼装方法如下图所示。

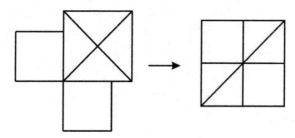

263. 拼正方形(3)

剪切、拼装方法如下图所示。

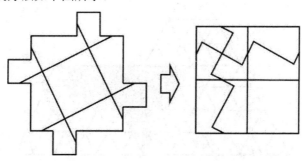

264. 一变二

分割、组合方法如下图所示。

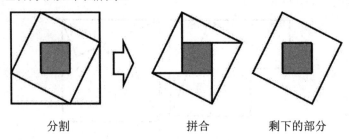

分割   拼合   剩下的部分

265. 多米诺骨牌

覆盖方法如下图所示。

266. 四等分图形

分割方法如下图所示。

267. 三等分

分割方法如下图所示。

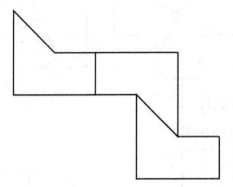

268. 等分方孔图

有两种方法，如下图所示。

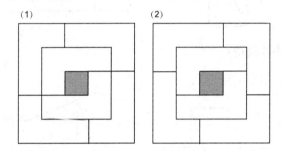

269. 一变六

如下图这样剪即可。

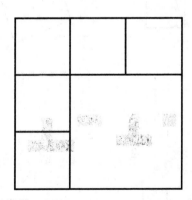

270. 有趣的十字架(1)

分割、拼装方法如下图所示。

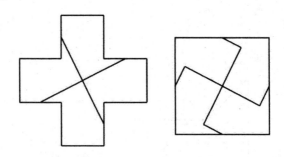

271. 有趣的十字架(2)

分割、拼装方法如下图所示。

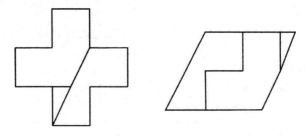

272. 有趣的十字架(3)

分割、拼装方法如下图所示。

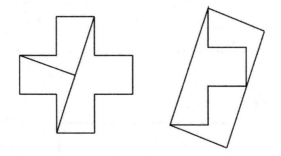

273. 图形构成

组合方式如下图所示。

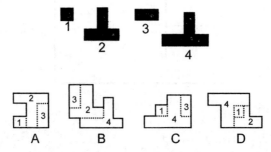

A 由 1、2、3 组成。

B 由 2、3、4 组成。

C 由 1、3、4 组成。

D 由 1、2、4 组成。

274. 巧分四块

移动两根火柴后的图形如下图所示。

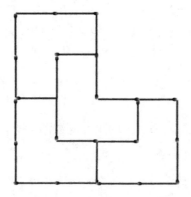

275. 拼五角星

拼成的五角星(非规范式)如下图所示。

276. 三等分

分法如下图所示。

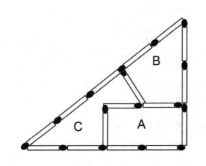

第五章

277. 冰雹数列

冰雹数列(数字的循环出现就像在旋风中翻滚的冰雹颗粒)到现在为止还没有一个一般性的答案。但是从 1 到 26 这些数字都很快地陷入此循环。如果从 7 开始，你会得到：

7、22、11、34、17、52、26、13、40、20、10、5、16、8、4、2、1、4……

数字 27 的变化有些奇特：在第 77 步时它增加到 9232，然后才开始减少，在第 111 步时开始 1—4—2—1—4—2 地循环。从 1 到 100 万的数字都被测试过，最后它们都呈现如此的循环。

278. 小房间

最开始有 3 个人，每次之后，房间里的人数都不变。

279. 数字对调，乘积不变

(1) 两个数都是十位数字与个位数字对调，但乘积不变！

(2) ① 12×63=21×36　② 12×84=21×48　③ 14×82=41×28

(3) ① 设左边两数为 $10a+b$、$10c+d$，则右边对调后两数为 $10b+a$、$10d+c$，则有

$$(10a+b)(10c+d)=(10b+a)(10d+c)$$
$$100ac+10(ad+bc)+bd=100bd+10(ad+bc)+ac$$
$$99ac=99bd$$
$$ac=bd$$

② 当 $ac=bd=4$，则 12×42=21×24

当 $ac=bd=6$，则 12×63=21×36、13×62=31×26

当 $ac=bd=8$，则 12×84=21×48、14×82=41×28

当 $ac=bd=9$，则 13×93=31×39

当 $ac=bd=12$，则 23×64=32×46、24×63=42×36

当 $ac=bd=16$，则 24×84=42×48

当 $ac=bd=18$，则 23×96=32×69、26×93=62×39

当 $ac=bd=24$，则 34×86=43×68、36×84=63×48

共有 13 种！

280. 箭头方向

四角处的四个小田字形格子各成循环。

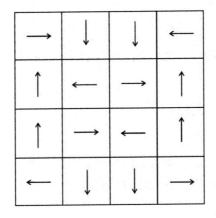

281. 三角数

第一个数字分别是奇数 3、5、7、9……；第二个数字是+4 的倍数：+8、+16、+20、+24、+28……；第三个数比第二个数多 1。

所以下一组三角数为：$15^2+112^2=113^2$。

282. 相同与不同

选择 B。

其他四幅图中的小圆圈都在大圆圈内。

283. 找不同

选择 C。

其他四幅图中的上下两端横线的条数的乘积都是偶数，只有 C 的乘积是奇数。

284. 下一个图形

是 C。

把所给的三个图形翻过来，你会发现中间是一些数字，分别为 5、7、9。而下面选项中可以这样构成数字的只有 C。

285. "工"形图

应该是数字 8。

规律为中间数字等于上面三个数字的和减去下面三个数字的和。

286. 放射的字母

应该是 M。

把 26 个字母按字母表的顺序分别标出 1～26 的数字，这样每条直线上的 3 个数字的和都是 50。

287. 规律不同

选择 B，其他四幅图中，两个小图形都刚好可以拼成中间的大图。

288. 变化的规律

选择 B。规律为上下翻转。

289. 缺失的字母

按照字母表的顺序，两个字母之间隔开的字母个数为 1、2、3、0、1、2、3、0……如此循环，所以问号处应该是字母 U。

290. 问号处是多少

其实规律很简单，就是每行中前两个数字所组成的两位数和后两个数字所组成的两位数的平均数，等于中间的两个数字组成的两位数。问号处应该填入的数字为 8、1。

291. 补充完整

选择 B。

规律为每一行的三个图形中，把第一个图形和第三个图形合并，然后上下颠倒就成为第二个图形。

292. 变化规律(1)

选择 B。

规律是变换一下图中各元素的前后顺序，使后面的图形到前面来。

293. 变化规律(2)

选择 A。

最外圈的半圆上下变换，中间圈的半圆逆时针旋转 90 度，最里圈的半圆顺时针旋转 90 度。

294. 数字时钟

选择 D。

规律是从第一个时间开始，把每个数字都加上 1，比如 1:20 变为 2:31，然后把第一个数字移到最后，这样就成了下一个时钟上的数字。

295. 什么规律

选择 C。第一个图形与第三个图形相同，第二个图形与第四个图形相同。

296. 铺人行道

它的规律是 $4n+2$。所以下一个图形中白色地砖会用到(4×4+2=)18 块。

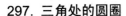

297. 三角处的圆圈

全黑圆。

从各三角形上端的圆圈，以及从下边的圆圈来看，它们变化的规律都是圆圈的黑影依次多 1/4，直至全黑。(1/4、1/2、3/4、1)

298. 五角星的数

12。规律是五角星上面一个数加下面两个数等于中间两个数之和。

299. 分割圆环

6。

每个圆中左右两个数字之和再加 3 等于下面的数字。

300. 罗盘推数

120。9×13=117，23×4=92，8×15=120。

301. 补充数字

12。

图形中左侧的 1+2+3 与 4+6+8+3 相差 15,右侧的 3+6+9 与 3+8+14+8 相差 15,所以 1+4+7 与 2+6+?+7 也应相差 15，7+8+9 与 6+14+?+7 也相差 15。

302. 数字箭靶

外圈数是中圈数的 2 倍，中圈与内圈数的差是 25。外圈数是 70、64、72、56，内圈数是 21、1、35、26。

303. 圆环上的数字

选择 E。

外圈和里圈各个数之和都是 24。

304. 数字填空

4。图中数字排列的规律是：外圈每格两个数字相乘，其积等于内圈顺时针方向的下下格里的数字。

305. 数字之谜

11。每个图形上面三个数字之和减去下面两个数字之和，结果为中心的数字。

306. 缺少的数字

应该是 4。

规律是每行加起来的和为 14。

307. 数字圆圈

数字 4。

相邻的两个椭圆里的数字相减，所得的差放在它们重叠的位置。

308. 找规律

问号处是 M。

每一行中，左右两个数字的乘积，等于中间三个字母序号的和。

309. 排列数字

所填数字及其位置如下图所示。

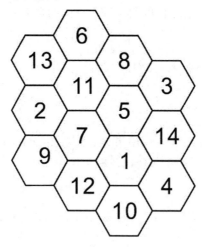

310. 方向之谜

为 D。

规律为：从左上角到右下角，箭头越来越短，箭头方向逆时针旋转。

311. 笑脸

应该是 C。

规律为按照逆时针的顺序旋转。

312. 逻辑关系

按照字母表的顺序，火柴根部的字母向火柴头处前进，前进的位置有几个火柴头指着，这个字母就前进几步。例如从 M 到 O 的位置，因为 O 处有两个火柴头指着，所以字母 M 应该前进 2 步，变成 O。而 R 到问号处，需要前进 4 步，这样就变成了 V。

所以问号处应该是字母 V。

313. 数字规律

第一组是 58，其他的数字都是 8 的倍数。第二组是 86，其他的数字都是 7 的倍数。

314. 月历的密码

同一列中相邻的三个数字它们是一个公差为 7 的等差数列。所以三个数字的和正好等于中间数字的 3 倍。

315. 太阳光

问号代表的数字是 66。从最上面的 4 开始，顺时针观察，每两个数之间的差分别是 2、4、8、16、32。

316. 数字与图形

在四个小正方形中，对角线分割开的数字代表图形的边数。所以问号处应该填入数字 4。

317. 寻找公式

中间的数字等于旁边的三个数字的平方和。

318. 数字关系

问号处应该是 11。
关系为上面的数字等于中间的两个数字和减去下面的两个数字和。

319. 数字规律

问号处是 36。根据乘法口诀，除第一个数字(77)外，每个数都是它前面一个数的个位乘以它的十位得出的。

320. 树冠上的数字(1)

从下往上第二层数字开始，上一层的每个数字都等于它下一层两个数字的乘积。所以最顶端的数字为 80×36=2880。

321. 树冠上的数字(2)

从下往上第二层数字开始，上一层的每个数字都等于它下一层两个数字的和。所以最顶端的数字为 47+31=78。

322. 奇怪的关系

应该是 C。
规律为每个田字格中，第一个数字与第四个数字之和等于另外两个数字的平方和。

323. 奇怪的等式

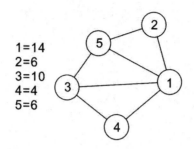

1=14
2=6
3=10
4=4
5=6

324. 几点钟

时针分别为6、4、2、0。分针分别是4、3、2、1(见下图)。

325. 分针的位置

分针在时针所在位置的后面5个间隔的位置(见下图)。

326. 数字规律

第一排两个数相加，然后乘以第二排第一个数，等于第二排第二个数。

答案是(2+4)×5=30

327. 时钟密码

指针的位置作为数字，而不是时间。A 式为 51+123=174，B 式为 911+72=983，那么 C 式为 113-16=97。

328. 两数之差的三角形

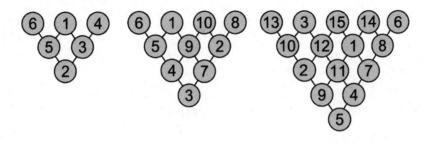

第六章

329. 数字找规律(1)

15。前一项与后一项之差构成一个等差数列。

330. 数字找规律(2)

8。每两项之和为下一项。

331. 数字找规律(3)

6。每两项之差构成一个等差数列。

332. 数字找规律(4)

5。奇数项为 8, 7, 6, …；偶数项为 6, 5, 4, …

333. 数字找规律(5)

4。将每项开二次方后即为下一项。

334. 数字找规律(6)

1。奇数项为 1, -1, 1, -1, …偶数项为零。

335. 数字找规律(7)

2。将后一项平方减一即为前一项。也就是说将前一项加一后开方即为后一项。

336. 智力测验(1)

2+3=5，5+3=8，8+3=11，11+3=14。所以答案为14(等差数列)。

337. 智力测验(2)

答案为14。隔项成等差数列。

338. 智力测验(3)

2×3+1=7，7×3+3=24，24×3+5=77，77×3+7=238。所以答案是238。

339. 猜数字

169。规律是用一个三角形数乘以6再加上1。三角形数为能组成三角形的圆圈的个数，用 $n(n+1)/2$ 表示。

340. 填数字(1)

124。观察可得出数列公式为 n^3-1，n 为项数。

341. 填数字(2)

720。相邻两个数的商分别为2、3、4、5、6。

342. 填数字(3)

40。奇数项为公差为5的等差数列，偶数项为公差为4的等差数列。

343. 填数字(4)

32。每两项之积为后一项。

344. 填数字(5)

5。奇数项为 $1, 3, 5, 7, \cdots$ 偶数项为 $10, 5, 0, -5, \cdots$

345. 填数字(6)

每个数字是前面两个数字的乘积，所以 $4×8=32$。

346. 填数字(7)

每个数字都是前一个数字的平方加前面第二个数字的平方，所以 $29×29+5×5=866$。

347. 填数字(8)

8。奇数项之差为一个 $3, 7, 3, 7, 3, 7, \cdots$ 数列。偶数项之差为 $7, 3, 7, 3, 7, 3, \cdots$ 数列。

348. 有名的数列(1)

34。这是一个著名的斐波纳契数列，它的规律是每一个数等于前面两个数之和。这个数列有很多有趣的数学性质，所以变得非常有名。

349. 有名的数列(2)

47。这同样是一个有名的数列，叫鲁卡斯数列，是仿斐波纳契数列，从第三个数字开始，每个数都等于它前面两个数之和。最神奇的是任意取两个相邻的数，然后用大数去除以小数，得到的结果是一个接近"黄金比例"1.618……的数，而且越到后面越接近。

350. 天才测验(1)

分子与分母有不同的规律。上面的规律是：前一项与后一项的差成等差数列，所以是 31。下面的规律：

5=1×5

20=2×10

51=3×17

104=4×26

后面的数的差又成等差，所以下一个数是 5×37=185。

所以为 31/185。

351. 天才测验(2)

后一项与前一项的差成等比，所以是 238。

352. 天才测验(3)

25。规律是：

$$7×2-4=10$$
$$10×3-5=25$$
$$25×4-6=94$$
$$94×5-7=463$$

353. 天才测验(4)

差成等差数列，所缺数字为 32。

354. 天才测验(5)

(奇数项-4)÷2，偶数项直接÷2，所以是 29。

355. 天才测验(6)

前两个数和为第三个数，所以答案是 34。

356. 天才测验(7)

差为等差数列,所缺数字为98。

357. 天才测验(8)

规律为×3,÷2,×3,÷2。所以答案为36。

358. 天才测验(9)

243。第1个数和第2个数相乘等于第3个数的2倍,所缺数字是14×49÷2=243。

359. 天才测验(10)

差成等比,答案为88。

360. 下一个数字是什么

21。前一项加一等于后两项之和。

361. 寻找数字规律

50。这是一个著名的大衍数列,它的规律是:如果是第奇数项(n),那么这个数是$(n^2-1)÷2$,如果是第偶数项(n),那么这个数是$n^2÷2$。这个数列可以用来解释中国的太极衍生原理,所以变得非常有名。

362. 字母旁的数字

字母旁边的数字是代表这些字母在字母表中的序号,所以答案为23。

363. 猜字母

M。按照字母表的顺序,从字母A开始,顺时针方向,每两个字母之间均间隔三个字母。

364. 数字找规律

下一个数字是3。这是老式挂钟整点时的报时次数。11点半响1次,12点响12次,12点半响1次,1点响1次……

365. 数字规律

问号处是36。根据乘法口诀,每个数都是它前面一个数的个位乘以它的十位得出的。

366. 找规律

(1) 填122,规律为$n>1$时,$a_n=(a_{n-1}+3)×2$。

(2) 填132,规律为$n>1$时,$a_n=(a_{n-1}-7)×3$。

(3) 填19,规律为$n>1$时,$a_n=2a_{n-1}-3$。

367. 树枝

每个 V 字形处，上面两个数字的每一位加起来，得到的和为下面的数字。例如 8+8+6+3=25。所以问号处应该是 21。

368. 猜字母(1)

N。

1、2、3、4、5、6、7、8、9 的英文分别是 one、two、three、four、five、six、seven、eight、nine，取它们的第一个字母。

369. 猜字母(2)

这是十二个月份的英文(January、February、March、April、May、June、July、August、September、October、November、December)的首字母，所以答案是 J。

370. 猜字母(3)

这是键盘第二排的部分字母，问号处应填 L。

371. 猜字母(4)

这是键盘第一排的部分字母，问号处应填 Y。

372. 字母找规律

M。在字母表中，每两个字母间都隔着两个其他字母，所以后面的空格处应该填 M。

373. 智力测验

这个考的是字母顺序，在字母表里或间隔两个字母，或间隔 3 个字母。所以答案是 V。

374. 填字

S、S。

这七个字母是星期几的英文的第一个字母。

星期一 Monday

星期二 Tuesday

星期三 Wednesday

星期四 Thursday

星期五 Friday

星期六 Saturday

星期天 Sunday

375. 缺的是什么字母

M、J、O、N

这十二个字母是月份的英文第一个字母。

一月：January

二月：February

三月：March

四月：April

五月：May

六月：June

七月：July

八月：August

九月：September

十月：October

十一月：November

十二月：December

376. 倒金字塔

5。将上一行数列去掉最大和最小数，然后反向排列得下一列。其实无论第一行的数如何排列，因为要去掉最大和最小的数，最后肯定剩下中间数：5。

377. 奇怪的规律

规律就是：从第二列开始，表示上一列某个数字的个数。例如第三列的 "2，1"，表示第二列为 2 个 1。第四列的 "1，2，1，1"，表示第三列为 1 个 2，1 个 1。以此类推。

第八列为 1，1，1，3，2，1，3，2，1，1。

第九列为 3，1，1，3，1，2，1，1，1，3，1，2，2，1。

不会出现 4。因为如果出现 4 说明上一行有 4 个相同的数字，这是不可能出现的。

378. 复杂的表格

是 22。每一行中，第一列数乘以第二列数后，加上第三列数，等于第四列数。如，2×9+6=24。

379. 寻找规律

25。两边的数加起来除以 3 等于中间的数。

380. 缺少的数字

2。规律是第一列的数字乘以第二列的数字减去第三列的数字乘以第四列的数字的差等于第五列的数字。

381. 按键密码

2314。规律是同一行的前两位数乘以后两位数等于下一个数。

例如：55×67=3685，92×27=1564。

第七章

382. 方块拼图

解答： B

分析： 前四幅图是左侧的小长方形依次向右移动，移动到最右侧后，左侧的长方形继续向右移动，就是 B 选项。

383. 两个方块

解答： E。

分析： 两个黑色方格依此向后移动一格，当前行没有位置时，则在下一行中出现。

384. 三叶草

解答： D。

分析： 每个图形中都有三个灰度格。九个图形中分成了三种，一种三个灰度格之间隔着两个白色格子，一种灰度格之间隔着一个白色格子，一种隔着三个白色格子。每行和每列三种图形各一个，且方向也是平均分配的。

385. 放大与缩小

解答： C。

分析： 前一幅图在里边的图案作为下一幅图在外边的图案。

386. 螺旋曲线

解答： D。

分析： 每个图形都有 5 个交点。

387. 三色方格

解答： A

分析： 把第一个图案的第一排移到第二排，再移到第三排；第二排移到第三排，再移到第四排；第三排移到第四排，再移到第一排。

388. 折线

解答： A。

分析：把正方形中间的线分为两个部分观察。可以看出，上半部分的短线是逆时针旋转，每次旋转 45°；下半部分顺时针旋转，每次旋转 90°。按照这个规律，下一幅图的两根短线正好重合，也就是 A 选项所示。

389. 箭头规律

解答：C

分析：箭头上下两边的斜短线依次交替增加。

390. 钉木板

解答：A。

分析：只有朝外的角上才有点。

391. 三角和圆圈

解答：A。

分析：把五个图案联系起来看就能发现是以第三幅图案为轴左右对称的。

392. 砖头

解答：D。

分析：五个图案是以第三幅图案为中心左右对称的。

393. 直线三角圆圈

解答：A。

分析：初看似乎没什么规律，但数一下每个图案里小图标的数量呢？没错，规律很简单，每个图案里有 5 个小图标，所以答案是 A 选项。

394. 直线与椭圆

解答：A。

分析：数一下图案中元素数量的话，可以发现一个简单的规律，4—3—1—3—4。

395. 构成元素

解答：A。

分析：数一下每个图案里图标的数量，可以发现一个简单递增关系。

396. 小图标

解答：A。

分析：从图案的形状黑白等方面来看的话，上图的四幅图似乎没有什么规律，但数一下每一幅图案中图标的数量可以看出一个简单的规律：每个图案中都有四个小图标。选项中只有 A 选项符合。

397. 斜线

解答：D。

分析：很简单的规律，四根斜线依次消失。

398. 圆点

解答：D

分析：第一项除以第二项等于第三项，每个连续三项都有这个规律。

399. 圆与方块

解答：D

分析：圆圈的数量乘以2，加上方块的数量，都等于8。

400. 直线与黑点

解答：A

分析：直线下的圆圈数乘以2，再加上直线上的圆圈数都等于8。

401. 阳春白雪

解答：A

分析：每个字的笔画数递增。

402. 黑白方格

解答：B

分析：每一列都向右移动，从左侧滚动出现循环。

403. 上下平衡

解答：D

分析：横线上下小图案的位置变化循环。

404. 准星

解答：G

分析：每一行都有一个完整的圆，将圆的边分成四等分的弧形，每向后移动一次，则四个弧形越向中间靠近，反之则离开。靠近或离开的幅度为使每一列中形成的圆形轮廓大小一致。

405. 雪花

解答：A

分析：小球的位置按照逆时针方向旋转，小球的颜色交替变化。

406. 双色板

解答：D

分析：首先根据黑色长方形的旋转规律可以排除掉 A 选项。然后两个小圆圈有什么规律呢？白圆圈是在顺时针方向旋转，第四个图案中应该处在右下角的白圆圈被黑圆圈挡住了；黑圆圈的位置则是在左上角和右下角来回变化，第二、第三个图案中的黑圆圈被黑色长方形挡住了。按这个规律，接下来的图案应该是 D 选项。

407. 奇妙的图形

解答：C

分析：把上图的每个图案从中间分开，就是阿拉伯数字的"1、2、3、4"，而 C 选项的图案是两个"5"组成的。

408. 巧妙的变化

解答：B

分析：前四个图形分别是倒过来的两英文字母 A、B、C、D 的组合，答案自然是倒过来的两个 E 的组合了。

409. 线条与汉字

解答：B

分析：杂乱的线条和汉字之间有什么联系呢？数一下上边四个图案分别最少能用 1、2、3、2 笔画出来，所以答案是能用一笔连着写完的"红"字。

410. 图标组合

解答：D

分析：每幅图都由三个不同的图标组成。

411. 共同的特点

解答：C

分析：都是中心对称图形。

412. 卫星

解答：C

分析：小圆顺时针旋转 45°，而线条是逆时针旋转 45°，当空心变实心的时候，线条增加，当实心变空心时线条减少，增减的数目和变化的数目一致，据此只有选项 C 符合。

413. 缺口的田字

解答：B

分析：前两个图案重叠起来变成第三个图案，第四、第五个图案叠起来也变成第三个图案。

414. 缺口

解答：A。

分析：上下两个"缺口"分别以逆时针为方向扩大。

415. 简化

解答：B。

分析：依次去掉斜线外面的方框。

416. 旋转的角度

解答：B。

分析：题干中的四个图案都可以通过旋转一定角度变成一个正立的 S，选项中只有 B 项的图案满足这个条件。

417. 分割的正方形

解答：C。

分析：图案顺时针旋转。

418. 灰色半圆

解答：D。

分析：图案顺时针旋转，同时黑白两球的位置不停相互变换。

419. 椭圆阵列

解答：C。

分析：顺时针地依次移走四个中间的小圆圈。

420. 美丽的图形

解答：B。

分析：题中的四个图案都是中心对称的，也就是图案以中心旋转 180°后和原来的图案重叠，选项中只有 B 符合这个规律。

421. 遮挡

解答：D。

分析：题中四个图案都是由两个上下对称的图案重叠遮挡组成的，只有 D 选项符合这个规律。

422. 旋转的扇形

解答：D。

分析：阴影先逆时针转三格，再顺时针转一格。

423. 双层图案

解答：D。

分析：图内的小图案在进行顺时针旋转。

424. 有什么规律

解答：D。

分析：以第三个图案为中心，左右两边的图案互相颠倒。

425. 贪吃蛇

解答：A。

分析：整体的圆圈顺时针旋转，黑色圆圈的数量逐渐增多。

426. 转弯的箭头

解答：A。

分析：图形逆时针旋转。

427. 奇怪的变换

解答：C。

分析：每个图形中直线的条数分别为 1、2、3、4。故选 C。

428. 角度

解答：B。

分析：两条线的夹角度数依次增加 45°，选 B。

429. 分支

解答：C。

分析：每个图形中直线的条数分别为 1、3、5、7。故选 C。

430. 延伸

解答：C。

分析：两个端点分别继续延伸，故选 C。

431. 嵌套

解答：D。

分析：每一层的开口各不相同(中间一层为上下交替，外层顺时针旋转，内层逆时针旋转)，所以选 D。

432. 骰子对比

解答： C。

分析： 根据前两个图的位置关系可知第三个图的正面为十字，并由上下面关系可知，选 C。

参 考 文 献

[1] 黎娜. 哈佛给学生做的 1500 个思维游戏[M]. 北京：华文出版社，2009.

[2] 黎娜，于海娣. 全世界优等生都在做的 2000 个思维游戏[M]. 北京：华文出版社，2010.

[3] 余式厚. 逻辑盛宴——名家名题[M]. 北京：北京大学出版社，2012.

[4] 帽子颜色问题. 快乐学数学：初中版[J]. 2009(12)